EDUCAR CON CUATRO CUERDAS

Método de ukelele para docentes

Paloma Bravo Fuentes

EDUCAR CON CUATRO CUERDAS

Método de ukelele para docentes

Colección Recursos

Título: *Educar con cuatro cuerdas. Método de ukelele para docentes*

Primera edición: noviembre de 2025

© De esta edición:
Ediciones OCTAEDRO, S.L.
C/ Bailén, 5 - 08010 Barcelona
Tel.: 93 246 40 02
http: www.octaedro.com

ISBN: 978-84-1079-210-4
Depósito legal: B 22884-2025

Diseño y producción: Octaedro Editorial

Impresión: Ulzama

Impreso en España / *Printed in Spain*

Índice

1. Requisitos para empezar

Hace once años que toco el ukelele. Me regalaron mi primer ukelele soprano mis niños y niñas de un colegio cuando terminé mi sustitución porque era la seño de música. Muchas veces me preguntan qué es lo más difícil de aprender a tocar el ukelele. Desde mi experiencia, tanto para el ukelele como para cualquier otro instrumento, la respuesta siempre es la paciencia. Necesitas tener la paciencia suficiente para dedicarte a la práctica musical. Buscar resultados inmediatos no funciona aquí. Sé que te entusiasma la música y que deseas tocar tus canciones favoritas acompañándote con tu ukelele, pero, como todo lo bien hecho, requiere tiempo, constancia y, sobre todo, paciencia.

Me gusta llamar a este consejo que te doy «la **regla de RCL**», que ya usé en mi libro *Música en seis cuerdas: un método para aprender a acompañar canciones con la guitarra sin necesidad de saber música*. En esta regla, las siglas significan **repeticiones conscientes y lentas**. Esto quiere decir que debes repetir lo que aprendes de manera consciente y sin prisas. No sirve de nada repetir los movimientos con los dedos rápidamente y sin mejorar en cada repetición. En el aprendizaje de cualquier instrumento musical, es crucial repetir los movimientos necesarios para que tus dedos aprendan su ubicación y el momento exacto para actuar, pero debes hacerlo prestando plena atención. Solo así lograrás progresar. Hazme caso. Con el tiempo, podrás preocuparte por otras cosas y aumentar la velocidad. La rapidez se logra después de practicar de forma lenta, y poco a poco podrás acelerar hasta alcanzar la velocidad deseada. Correr sin tener una base sólida solo te llevará a «viciar los movimientos», lo que significa que aprenderás incorrectamente, y, créeme, corregirlo luego es mucho más difícil.

En relación con esto, tal vez te preguntes **cuánto tiempo deberías practicar** al día para ver resultados rápidamente. La respuesta no depende tanto del número de horas, sino de la calidad del tiempo que dediques. Si practicas muchas horas, pero de forma incorrecta, solo lograrás reforzar malos hábitos y tendrás que dedicar más tiempo y esfuerzo para corregirlos. Por eso, mi recomendación es que practiques menos tiempo, pero todos los días. Hazlo de manera lenta, consciente y aumenta la velocidad de forma gradual. Esa constancia hará que tus manos y tus dedos se acostumbren correctamente y verás resultados más rápidamente.

Además, cuando eres principiante, es común que las yemas de tus dedos izquierdos te duelan un poco. Esto se debe a que son partes blandas presionando cuerdas de nailon. No es precisamente agradable, pero puedes minimizar las molestias tocando menos tiempo cada día, pero de manera regular. Esto ayudará a tus dedos a acostumbrarse gradualmente a la presión necesaria, creando una resistencia natural sin llegar al dolor o la frustración. Recuerda también que debes aplicar solo la presión mínima necesaria para que suenen las cuerdas. Te digo esto porque, a menudo, se presiona más de lo necesario para que la cuerda suene y te puedes hacer daño.

Pronto, el hábito de tocar el ukelele se volverá parte de tu **rutina diaria** y lo que comenzó con sesiones de diez minutos se transformará en horas de práctica continua sin que tus dedos sufran demasiado; todo porque te preparaste adecuadamente. Piensa en ello como en el entrenamiento de un deportista: ¿acaso un atleta corre una maratón de cuatro horas en su primer día? Claro que no. Se prepara para ello. Tocar un instrumento es un ejercicio físico que requiere constancia, atención, esfuerzo y disciplina, pero los resultados valen totalmente la pena. Palabra.

> Recuerda siempre esto y todo irá bien:
> practica con el instrumento de forma constante,
> consciente, lenta y en orden creciente de dificultad.

2. Introducción

El objetivo de este método es capacitar a docentes en el uso del ukelele como herramienta pedagógica para enriquecer su práctica educativa. No se trata solo de enseñar música al alumnado, sino de dotar a los maestros y maestras de una nueva competencia que puedan aplicar en el aula de manera transversal. Al aprender a tocar el ukelele, el profesorado adquiere una destreza que le permitirá ambientar sus clases, acompañar canciones, dinamizar actividades y, en definitiva, mejorar la experiencia de aprendizaje de sus estudiantes. Así, lo que persigo escribiendo este método es motivar a todas las personas interesadas en innovar en sus prácticas a que incorporen la música del ukelele en su día a día docente.

2.1 Breve historia del ukelele y su popularidad

Este pequeño instrumento de cuatro cuerdas es originario de Portugal, en concreto de la isla de **Madeira**, derivado de instrumentos como el *cavaquinho*, pero fue en Hawái donde alcanzó renombre a finales del siglo XIX. Marineros portugueses llevaron el *cavaquinho* a las islas hawaianas en 1879. Allí, artesanos locales combinaron su diseño con otros instrumentos para crear lo que llamaron «ukulele», término que significa '**pulga saltarina' en hawaiano**. La introducción del ukelele en Hawái fue todo un éxito, de modo que a principios del siglo XX el sonido del ukelele se había convertido en símbolo musical de las islas. Desde Hawái, su popularidad se extendió rápidamente a Estados Unidos y Europa gracias a conjuntos de música popular de la época y a la aparición de fabricantes del instrumento como Gibson, Harmony, Epiphone, y

Lyon & Healy, que empezaron a satisfacer la creciente demanda de este instrumento en una alta calidad sonora.

En la década de 1920, el ukelele era ya un fenómeno internacional, vendiéndose millones de unidades, y apareciendo en estilos tan diversos como el *jazz* y la música tradicional.

Con el paso del tiempo, el ukelele ha ido teniendo modificaciones en lo que a su fisionomía se refiere, evolucionando hasta el punto de existir diferentes tamaños, afinaciones e incluso instrumentos derivados del ukelele, como son el banjolele, el sopranino, el guitalele (versión híbrida entre ukelele y guitarra de tamaño más cercano al ukelele, pero de seis cuerdas afinadas, como la guitarra) versiones de ukelele de 5 cuerdas y ukeleles electroacústicos.

Tras algunas décadas de altibajos en su fama, el ukelele vive actualmente un resurgimiento en la música popular y en la educación. En los años recientes, artistas famosos han incorporado el ukelele en sus canciones, y vídeos virales de internet han mostrado las posibilidades del instrumento, inspirando a muchas personas a aprenderlo. Por ejemplo, en 2013 las ventas mundiales de ukeleles tuvieron un incremento del 54 %, indicador claro de este nuevo auge. ¿A qué se debe este renacimiento? En gran parte a que el ukelele es accesible, portátil y amigable: es económico comparado con otros instrumentos, de tamaño pequeño (fácil de transportar a clase o entre aulas), y su sonido es suave y agradable. Con solo cuatro cuerdas de nailon, es más sencillo de afinar y manipular para principiantes. Además, con unos pocos acordes básicos se pueden tocar cientos de canciones populares, lo que lo hace muy gratificante desde el inicio.

En la actualidad, cada vez es más común ver a docentes con ukelele en mano liderando canciones en eventos escolares. Todo esto refleja cómo la accesibilidad y portabilidad del ukelele lo han convertido en una herramienta musical ideal para el profesorado, propiciando su resurgir tanto en las aulas como en la cultura popular.

2.2 Beneficios de integrar el ukelele en el aula

Integrar la música en el aula con un instrumento accesible como el ukelele tiene numerosos beneficios. Diversos estudios señalan que la música activa la memoria, las emociones y el razonamiento.

Cuando un docente toca el ukelele y canta con su clase, está creando un **ambiente positivo**. Está demostrado que escuchar canciones estimula la producción de dopamina en el cerebro, así que está mejorando la energía y el bienestar de sus estudiantes. Esta «hormona de la felicidad» ayuda a reducir el estrés y generar sensaciones positivas que se contagian dentro del aula, elevando el ánimo colectivo. En consecuencia, el clima del aula se vuelve más distendido y favorable para el aprendizaje, con estudiantes que tienen más motivación y concentración. Además, la música integrada en la enseñanza contribuye al **desarrollo creativo y cognitivo**: al usar el ukelele para acompañar una canción o actividad, se estimulan habilidades de ritmo, lenguaje y coordinación de una forma lúdica. Incluso en materias que no sean música, una canción puede servir para reforzar contenidos o valores de manera memorable, ya que las melodías facilitan la retención de información y despiertan emociones que fijan el aprendizaje.

La música con ukelele despierta sonrisas y crea un ambiente de colaboración. Cuando el profesorado se anima a tocar unos acordes sencillos, es habitual que los niños y niñas se sumen cantando o dando palmas. Este entusiasmo compartido **fortalece los lazos entre docentes y estudiantes**, convirtiendo el aula en un espacio más cercano y dinámico. Otra gran ventaja de incorporar el ukelele es que **fomenta la creatividad y la expresión** tanto en el alumnado como en el profesorado. Al acompañar actividades con música, se abren espacios para que el alumnado invente letras, improvise ritmos o simplemente se exprese a través del canto y el movimiento. La música, en esencia, es un proceso creativo; enseñarla o usarla desde edades tempranas favorece el desarrollo holístico de los niños y niñas.

En resumen, integrar el ukelele en el aula puede motivar a los niños y niñas, favorecer su creatividad y fortalecer los lazos entre docente y estudiantes, todo mientras se impulsa un ambiente propicio para el aprendizaje.

2.3 Beneficios personales y profesionales para el docente

El aprendizaje del ukelele no solo beneficia al alumnado, sino que aporta también valiosas ventajas personales y profesionales para el profesorado, tales como las siguientes:

BIENESTAR EMOCIONAL: Tocar un instrumento musical puede convertirse en una **vía de liberación del estrés**. Está comprobado que hacer música reduce los niveles de estrés y ansiedad al bajar la activación del sistema nervioso. Al mismo tiempo, aumenta la producción de hormonas asociadas a la felicidad, como la dopamina y la serotonina, generando en el profesorado una sensación de satisfacción y mejora del estado de ánimo. En resumen, dedicar unos minutos al día a tocar un instrumento, como el ukelele, puede ayudarte a recargar energía positiva y mejorar tu bienestar emocional, algo crucial en una profesión propensa al cansancio y la sobrecarga.

MOTIVACIÓN Y AUTOESTIMA PROFESIONAL: Aprender algo nuevo y ver el propio progreso musical te puede resultar muy motivador. Para ti, como docente, incorporar el ukelele puede **renovar tu entusiasmo por la enseñanza**, ya que te proporciona un recurso nuevo y atractivo para usar con tu alumnado. A medida que domines, poco a poco, nuevos acordes o canciones sencillas, vas a experimentar logros personales que elevarán tu autoestima y confianza. Esta confianza reforzada se traduce en seguridad al implementar nuevas actividades musicales en clase.

DESARROLLO ARTÍSTICO Y CREATIVO: Los docentes también pueden explorarse como artistas. Aprender a tocar el ukelele puede abrir la puerta a que el profesorado descubra o desarrolle su faceta musical, aunque nunca antes haya tocado un instrumento. Esto supone un **crecimiento personal en el plano artístico** que enriquece su vida más allá del aula. El proceso de aprendizaje fomenta la creatividad y la expresión personal: puedes animarte a cantar, a componer pequeñas canciones o a adaptar letras conocidas para tus clases. Estas experiencias creativas no solo son gratificantes a nivel individual, sino que pueden trasladarse a la escuela en forma de proyectos artísticos, coros, presentaciones musicales o sencillamente en forma de un estilo de enseñanza más expresivo. Un docente creativo inspira creatividad en sus estudiantes.

NUEVAS ESTRATEGIAS PEDAGÓGICAS: Incorporar el ukelele al repertorio profesional del docente significa sumar nuevas metodologías y estrategias didácticas. Por ejemplo, con un instrumento en mano, se pueden introducir dinámicas diferentes: iniciar la mañana con una canción de bienvenida, reforzar contenidos difíciles con rimas musicalizadas o utilizar melodías para indicar transiciones (por ejemplo, un acorde puede señalar que es hora de recoger en lugar de alzar la voz). La música ofrece multitud de recursos para la enseñanza, ya que se puede integrar en cualquier asignatura y ser parte de la dinámica cotidiana de la clase. Por ejemplo, en ciencias se podría tocar una breve canción sobre el ciclo del agua; en lengua, pedir al alumnado que cree una letra para aprenderse las preposiciones; o simplemente emplear música suave de fondo durante trabajos individuales para mejorar la concentración del grupo. El profesorado que usa el ukelele puede crear momentos mágicos de aprendizaje donde los estudiantes apenas perciben que están estudiando porque lo hacen cantando o jugando. Además, tocar en vivo para los niños y niñas capta su atención de forma inmediata y permite adaptar el ritmo de la actividad en tiempo real. ¿Te has dado cuenta de que el alumnado se pasa gran parte del día delante de una pantalla? ¿No te parece genial apagar esa pantalla y que la música la hagas tú? A los estudiantes no se les va a olvidar y vas a tener toda su atención, créeme.

Como resultado, **las clases se vuelven más dinámicas, participativas y multisensoriales**. Integrar el ukelele facilita, en suma, la aplicación de enfoques como el aprendizaje colaborativo (cantando en grupo), la educación emocional (expresando sentimientos a través de canciones) y la gamificación (aprendiendo canciones como si fuera un juego). Este abanico de estrategias mejora la calidad de la enseñanza y demuestra la versatilidad profesional del docente.

En definitiva, aprender a tocar el ukelele ofrece al profesorado un cúmulo de beneficios personales y profesionales. No solo mejora su bienestar y aviva su motivación, sino que le brinda nuevas formas de enseñar y conectarse con sus estudiantes. A pesar de lo pequeño que es este instrumento, ofrece grandes posibilidades, ya que puede transformar el ambiente del aula aportando alegría, creatividad y frescura a la educación.

¿Te animas a probarlo? ¡Tus estudiantes te lo agradecerán con sonrisas y entusiasmo!

3. Conceptos básicos

Antes de lanzarte a tocar tus primeras canciones, es importante que conozcas algunos aspectos esenciales. Aquí te explico todo lo básico que necesitas para empezar con buen pie.

3.1 Tipos de ukeleles. Cómo elegir el ukelele adecuado para ti

Aunque todos se llaman «ukelele», no todos suenan igual ni tienen el mismo tamaño. Existen principalmente **cuatro tipos de ukeleles** que se diferencian por su tamaño, afinación y sonoridad (puedes verlos en la Imagen 1):

UKELELE SOPRANO: Es el más pequeño rondando los 53 centímetros de largo. Es el que tiene el sonido más agudo y el que más suele emplearse, debido a que es el que ofrece el sonido más tradicional y característico de ukelele. Sin embargo, no te lo recomiendo si tus manos no son pequeñas, ya que apenas hay espacio entre los trastes para colocar los dedos y eso dificulta, en numerosas ocasiones, que puedas tocarlo y que pueda sonar de manera limpia siempre.

UKELELE CONCIERTO: Este ukelele es algo más grande que el ukelele soprano, alcanzando unos 58 centímetros de largo. Su sonido es algo más profundo, aunque no hay demasiada diferencia, pero sí puedes notar algo más de espacio entre los trastes, lo cual permite que los dedos quepan con algo más de facilidad sin perder, excesivamente, la sonoridad clásica de ukelele.

UKELELE TENOR: Este ukelele es más grande que el modelo concierto, con una longitud de aproximadamente 66 centímetros. Es ideal para quienes tienen manos más grandes, ya que permite colocar los dedos de manera más cómoda. Aunque sigue siendo un instrumento de tamaño reducido, como todos los ukeleles, en este el espacio entre las cuerdas es suficientemente amplio para considerarse confortable. Personalmente, es el modelo que utilizo y con el que me siento realmente cómoda. Además, ofrece un sonido más potente que los modelos anteriores y las cuerdas tienen una mayor tensión, lo que facilita una ejecución más precisa.

UKELELE BARÍTONO: Este es el más grande midiendo unos 74 centímetros. Su sonido es bastante más grave que el de los anteriores. Su afinación es diferente a la que se suele implementar en los modelos anteriores.

Imagen 1. Tipos de ukelele

Soprano   Concierto   Tenor   Barítono

¿Qué ukelele elegir?

Cada tipo de ukelele tiene sus ventajas dependiendo de **tus preferencias personales**, el **tamaño de tu mano** y el **tipo de sonido que buscas** (en función de las descripciones que acabas de leer).

A nivel general, podría decirte que el ukelele concierto es una buena opción. Tiene buen equilibrio entre tamaño, comodidad y sonido, así como un precio asequible.

Si tienes las manos pequeñas, valora más tener un ukelele soprano. Sin embargo, si tus manos son más grandes, sin duda el ukelele tenor es para ti.

Por otro lado, este instrumento es de madera (o debe serlo). Te lo digo porque, en el mercado, hay muchos ukeleles de colores que están fabricados en conglomerado o incluso en plástico. El sonido de esos instrumentos es muy deficiente, y muchas veces no afinan bien, de modo que producen un sonido que no corresponde.

Según la madera en la que esté construido, su precio variará, pero te aseguro que las diferencias en sonoridad y reverberación son notables. Intenta por ello que tu ukelele lleve maderas de caoba, arce, palisandro, nogal, abeto o ébano.

3.2 Partes del ukelele

Las partes de las que se compone el ukelele, independientemente del tipo que sea, son las siguientes (puedes verlas en la Imagen 2):

- Pala: Parte superior, también llamada «cabeza». En ella están las clavijas para afinar el instrumento.
- Clavijas: Se utilizan para ajustar la tensión de las cuerdas y, por ende, para afinar el instrumento. Al girar las clavijas, las cuerdas se pueden tensar o destensar cambiando su afinación para que produzcan el sonido deseado.
- Mástil: Parte del instrumento que se extiende desde el cuerpo hasta la cabeza, donde se ubican las clavijas. Este sostiene las cuerdas en tensión, desde el puente hasta las clavijas.

- Diapasón y trastes: Parte del mástil sobre la cual se presionan las cuerdas para alterar la longitud que vibra y, por tanto, cambiar la nota producida. Tiene incrustados los «trastes», que son unas barras metálicas que dividen el diapasón en secciones fijas permitiendo producir notas precisas al tocar. El material del diapasón suele ser madera, como el ébano o el palisandro, seleccionada por su durabilidad y calidad.

- Cuerpo: Parte resonante que amplifica el sonido producido por las vibraciones de las cuerdas. Está compuesto generalmente por una tapa delantera, los aros (los lados del ukelele) y el fondo. La tapa, que a menudo es de una madera diferente a la del resto del cuerpo debido a su papel crucial en la producción de sonido, es la parte más importante para la resonancia. El diseño y la calidad de la madera utilizada en el cuerpo influyen significativamente en el tono y el volumen del ukelele. Además, el cuerpo puede incluir una boca o roseta, que no solo sirve como decoración, sino que también ayuda a proyectar el sonido. El tamaño y la forma del cuerpo varían según el tipo de ukelele ofreciendo un tono y volumen característicos.

- Boca: También conocida como la «roseta», es el orificio circular ubicado en el centro de la tapa delantera del cuerpo del instrumento. Esta apertura tiene un papel fundamental en la proyección y la calidad del sonido que produce el ukelele. Cuando las cuerdas son pulsadas, generan vibraciones que se transmiten a través del puente y la tapa del ukelele. La boca ayuda a amplificar estas vibraciones al permitir que el sonido escape y se proyecte hacia el exterior. Además de su función acústica, la boca del ukelele frecuentemente sirve como un elemento estético, a menudo decorada con incrustaciones o diseños pintados que pueden variar ampliamente en complejidad y estilo, dependiendo del fabricante y del modelo del ukelele.

- Puente: Parte esencial que conecta las cuerdas con el cuerpo del instrumento facilitando la transferencia de vibraciones hacia la tapa del ukelele para influir en el sonido producido. Situado en la parte inferior de la tapa frontal y al final de la pala, el puente está compuesto por una base de madera adherida al cuerpo y una selleta, que puede ser de hueso, plástico o metal, encima de la base. Las cuerdas se fijan al puente y pasan sobre la selleta, que mantiene la altura adecuada de las cuerdas sobre el diapasón y distribuye la presión de las cuerdas de manera uniforme. La calidad del diseño y los materiales del puente son fundamentales para la resonancia, tonalidad, afinación y estabilidad del ukelele.

- Cuerdas: Suelen ser cuatro, aunque hay versiones con más cuerdas para expandir la gama de notas. Estas pueden estar hechas de diversos materiales, como nailon o, en ocasiones, metal. Las cuerdas de nailon son las ideales, puesto que su sonido es más característico en el instrumento y es menos dañino en la yema del dedo.

Imagen 2. Partes del ukelele

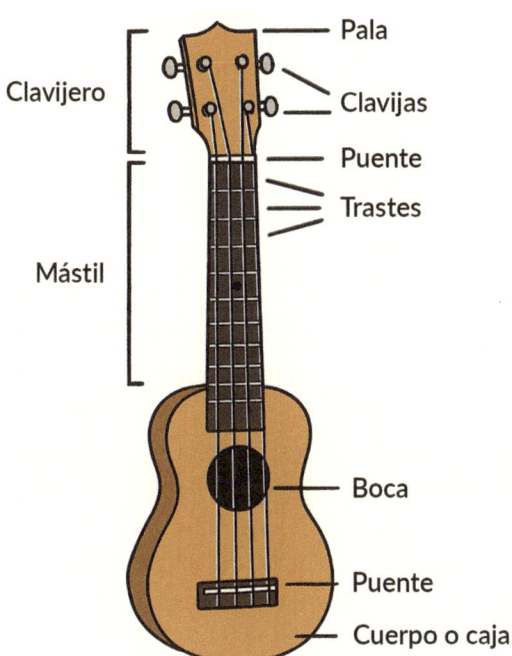

3.3 ¿Cómo afinar el ukelele?

El paso previo, siempre, antes de empezar a tocar el ukelele, es afinarlo. Es fundamental que las cuatro cuerdas del instrumento produzcan el sonido correcto.

Imagen 3. Notas de las cuerdas

sol   do   mi   la

La afinación de los ukeleles **soprano**, **concierto** y **tenor** es la misma, independientemente de su tamaño: **SOL, DO, MI, LA.**

El ukelele barítono es el único que se afina diferente siendo sus notas de la cuarta a la tercera: re, sol, si, mi. Personalmente, te aconsejo que optes por el soprano, el concierto o el tenor, ya que, aprendiendo a tocar uno, puedes invertir con conocimiento en los otros dos para encontrar el que mejor se adapta a tu gusto y a la fisionomía de tu mano.

Si quieres saber concretamente cuáles son los sonidos de cada cuerda en el ukelele soprano, concierto o tenor, te los dejo por aquí de la cuarta cuerda a la primera en la Imagen 3. Si te das cuenta, la primera nota que aparece en el pentagrama (que corresponde a la cuarta cuerda) no es la más grave, a diferencia de como ocurre en otros instrumentos de cuerda, como la guitarra, que están afinadas de más grave a más aguda. Esa forma de afinación se llama «reentrante», porque la cuerda más grave no sigue la secuencia ascendente que siguen las demás.

Existen diferentes utensilios para ayudarte a afinar tu ukelele:

AFINADOR DIGITAL: El afinador digital es un aparato que te ayuda a afinar cada una de las cuerdas. De una en una. Hoy en día existen marcas y modelos para todos los bolsillos, incluso aplicaciones móviles con el mismo funcionamiento. Normalmente, estos afinadores sirven también para otros instrumentos (guitarra, bajo...), pero, si eres principiante, te aconsejo que compres uno solo para ukelele, porque los otros instrumentos tienen sus cuerdas afinadas en otros sonidos y te puedes confundir. En estos afinadores aparece en la pantalla un número y una letra. El número corresponde a la cuerda: 1 (primera), 2 (segunda), 3 (tercera) y 4 (cuarta). Y este va seguido de una letra que indica el sonido en el que se afina: G (primera), C (segunda), E (tercera) y A (cuarta). Esta letra se corresponde con lo que se denomina **cifrado americano,** que veremos más adelante y que es un sistema que identifica los sonidos y los acordes siempre de la misma manera.

Existen **dos tipos de afinadores digitales**: por un lado, el **afinador básico** (Imagen 4), que cuenta con un sencillo sistema de luces y una línea en posición vertical. Incluye un pequeño micrófono que capta, de uno en uno, los sonidos de cada cuerda. Su interpretación es muy senci-

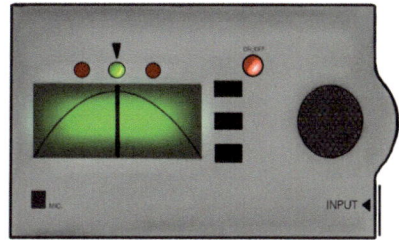
Imagen 4. Afinador digital

lla debido a que, si la línea mencionada está en posición vertical y se enciende una luz de color verde, la cuerda está afinada. Sin embargo, si no lo está, esa línea fluctúa hacia la derecha o hacia la izquierda encendiéndose, en ambos casos, una luz de color rojo. Es sencillo entender la manera en la que se debe proceder para afinarla correctamente, puesto que si la línea se inclina hacia la izquierda, la cuerda está más baja del sonido que debería y hay que subirla girando la clavija correspondiente hacia la izquierda, y si, por el contrario, la línea se inclina hacia la derecha, la cuerda está alta y debemos girar la clavija hacia la derecha para bajar el sonido. Este proceso debe realizarse con cada cuerda. Algunos de estos afinadores tienen una entrada llamada «input» que permite la conexión con cable de una pinza externa. Esta pinza se coloca en la cabeza del ukelele (tal como se explica en el siguiente tipo de afinador) y puede convertir este afinador de funcionamiento por micrófono en un afinador de pinza.

Por otro lado, está el **afinador de pinza** que, como su propio nombre indica, incorpora una pinza para la parte superior del ukelele, la cabeza, donde se encuentra el clavijero. Este afinador no incorpora un micrófono, sino que funciona por medio de la vibración de cada cuerda. Al tocar una en concreto, aparece el mismo sistema de luces y una línea vertical con el mismo funcionamiento que en el caso ante-

Imagen 5. Afinador digital de pinza

rior. Si te fijas en la Imagen 5, a modo de ejemplo puedes ver que aparece en la pantalla la especificación «3E» lo que significa que se está afinando la primera cuerda del instrumento que, como sabes, es la nota mi.

En ese momento concreto la tercera cuerda estaría afinada, puesto que la línea está en el centro, en posición vertical y todo el afinador se ilumina de color verde indicando la afinación correcta. De no ser así, habría que seguir ajustando hasta que se iluminara. En otros casos, aparecen las luces rojas, igual que en el caso anterior.

Si te estas preguntando **cuál de los dos tipos de afinadores digitales comprar**, personalmente te recomendaría el de pinza. Esto es así porque el básico, al escuchar la nota de tu ukelele a través de un micrófono, dificulta considerablemente el momento de afinación si existe mucho ruido de fondo. Sin embargo, con el afinador de pinza, que se basa en las vibraciones que produce el instrumento en si al pulsar cada cuerda, el ruido de fondo no es un problema: se puede afinar independientemente del mismo.

Por otro lado, el tamaño del afinador es importante. Es interesante que en el mismo estuche o funda del ukelele te quepa, con la finalidad de que siempre vaya contigo y puedas utilizarlo en cualquier momento. Si es de pinza, ten cuidado si guardas el instrumento con el afinador colocado, asegurándote de que cabe perfectamente y no puede partirse. En mi caso, he estropeado un par de ellos por esta razón, por eso te aviso.

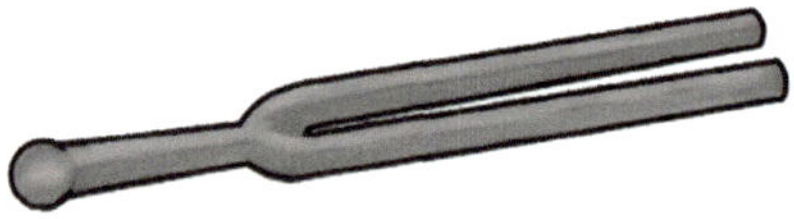

AFINACIÓN POR OÍDO: Es útil desarrollar el oído musical, pero al principio, te recomendamos usar afinador digital para ganar seguridad. Para poder afinar de oído necesitamos una nota de referencia; es decir, una nota de una de las cuerdas del ukelele que esté afinada correctamente a partir de la cual podamos reajustar las demás.

Imagen 6. Diapasón

Normalmente, la nota de referencia es un «la», que corresponde a la primera cuerda (A). Esta nota la puedes conseguir de un **diapasón**, que es un pequeño dispositivo de metal en forma de horquilla (como ves en la Imagen 6) y produce la nota «la» de manera invariable al golpearlo ligeramente. Una forma interesante de usarlo es producir el sonido con el diapasón tras darle ese ligero golpe contra una superficie dura y apoyar la esfera que tiene en la parte izquierda (tal como se ve en la imagen) en la caja del ukelele, que actuará como elemento de ampliación de la sonoridad y nos permitirá escuchar la nota la perfectamente gracias a la resonancia de la madera.

También existen algunos diapasones muy útiles y fáciles de transportar formados por un pequeño cilindro metálico que al soplar produce la nota «la» e incluso otros de este tipo, específicos para ukelele, que cuentan con seis cilindros para soplar y reproducir el sonido de cada una de las cuerdas del instrumento.

Una vez que tengas afinada esa cuerda (la) gracias al diapasón, el modo de proceder para afinar las siguientes cuerdas es el siguiente:

- Pisa el traste cinco de la segunda cuerda y el sonido debe ser el mismo que el de la primera cuerda que acabas de afinar. Con esto afinaras la segunda cuerda.

- Pisa el traste cuatro de la tercera cuerda y el sonido debe ser el mismo que el de la segunda cuerda. Con esto afinas la tercera cuerda.

- Pisa el traste dos de la cuarta cuerda y el sonido debe ser el mismo que el de la primera cuerda.

> 🎵 Consejo:
> Afina tu ukelele cada vez que vayas a tocar.
> Las cuerdas tienden a desafinarse con los cambios
> de temperatura o si no has tocado en unos días.

La cuarta cuerda: ¿sabías que puede ser Low-G?

Cuando compras un ukelele estándar (soprano, concierto o tenor), lo más habitual es que la cuarta cuerda venga afinada en reentrante; como ya he dicho, más aguda que la tercera. Sin embargo, existe una opción muy interesante que es cambiar esa cuerda por una llamada **Low-G (Sol grave)**. Esta cuerda es una cuerda más gruesa que se afina una octava más grave que la cuerda estándar. En lugar de sonar más aguda que la cuerda de abajo, suena más grave, creando una secuencia de cuerdas más lógica (de grave a agudo): **SOL (grave) – DO –MI – LA**.

Esta variante es especialmente común en ukeleles de tamaño tenor, aunque también se puede usar en conciertos (en sopranos no es muy recomendable por el tamaño del cuerpo).

¿Por qué puede interesarte usar una Low-G como docente?

- Mayor rango sonoro: Puedes tocar notas más graves.
- Acompañamientos más ricos: La cuerda grave permite arpegios más completos, líneas de bajo sencillas o melodías que requieren un registro más amplio.
- Más versatilidad para componer: Si te animas a crear canciones con tu alumnado, la Low-G te da más opciones para explorar acordes.
- Mejor soporte para la voz: Si tienes una voz grave o quieres hacer acompañamientos que no mezclen tanto con la melodía vocal, la cuerda grave da un fondo más suave y equilibrado.

¿Qué cambia al tocar?

A la hora de hacer acompañamiento con tu instrumento no cambia nada, es decir, los rasgueos y los acordes serán exactamente los mismos (pues recuerda que, aunque sea más grave, el sonido es el mismo). Sin embargo, en los arpegios y en el punteo sí se pueden notar diferencias. Puedes usar la cuerda grave para hacer pequeñas líneas de bajo o melodías más fluidas, especialmente útiles si acompañas sin cantar.

En resumen, si ya te sientes cómodo o cómoda con tu ukelele y quieres explorar nuevos sonidos, el cambio a Low-G puede abrirte un mundo de posibilidades musicales. Es una opción interesante para docentes que quieren hacer arreglos diferentes o acompañar con más profundidad de sonido. No es imprescindible, pero sí es una forma bonita de seguir creciendo musicalmente con tu ukelele. ¡Y quién sabe! Tal vez te inspire a crear nuevas canciones para tu clase... con un toque más grave y cálido.

También puedes apostar desde el principio por incluir la cuerda Low-G en la cuarta posición en vez de la normal. Yo lo hice directamente con mi ukelele tenor tras estar casi diez años tocando el soprano y, sin duda, se queda conmigo para siempre.

3.4 Postura básica para tocar

Tener una buena postura desde el principio te evitará dolores corporales y te ayudará a tocar de forma cómoda y segura.

Existen **dos maneras de tocar el ukelele: en posición sentado o de pie.**

Lo más importante es que priorices la comodidad y la relajación. Evita tensiones en hombros o muñecas.

Posición sentado

Sentado o sentada, con la espalda recta, en una silla sin apoyabrazos (importante para no chocarte con los codos al tocar). Ahora, apoya la parte trasera del ukelele contra tu pecho y abdomen. La curva inferior del cuerpo del ukelele debe descansar sobre tu pierna derecha o entre las dos piernas para una mejor sujeción (te recomiendo así). Ahora solo falta colocar la parte inferior de tu antebrazo derecho en la curva superior del instrumento. De esta manera, el ukelele estará totalmente sujeto por tu cuerpo y brazo derecho reposando en tus piernas (Imagen 7).

Imagen 7. Posición sentado/a

Hay varios métodos que sugieren el lugar en el que debes apoyar la mano izquierda para definir por completo la sujeción del instrumento, pero esto sería un error. Como bien sabes, esta mano se mueve a lo largo del mástil para formar diferentes posiciones de acordes. Por lo tanto, si dependemos de ella para sostener el ukelele, cada vez que cambiemos de posición, el instrumento también se moverá, lo que resultará en una pérdida de control y precisión en la colocación de los dedos.

Posición de pie

Si prefieres tocar de pie tienes la opción de usar una correa para ukelele o tocar sin ella. Para tocar el ukelele de pie **sin usar una correa** (Imagen 8), es importante mantener una postura cómoda y estable que te permita acceder fácilmente a todas las partes del instrumento. Coloca el cuerpo

Imagen 8. Posición de pie

del ukelele contra tu torso y estabiliza la sujeción con el codo y el antebrazo derecho por la curvatura superior derecha del instrumento. Esto es crucial, ya que no estás utilizando una correa para mantenerlo en posición. El antebrazo derecho debe ayudar a soportar parte del peso del ukelele y mantenerlo estable. Utiliza la mano izquierda para hacer los acordes o notas en el mástil, asegurándote de que tenga suficiente libertad para moverse a lo largo del mástil sin restricciones. Sin una correa, gran parte del trabajo de estabilización del instrumento recae en tus brazos y manos. Es crucial encontrar un buen balance para que el instrumento no se incline o deslice mientras tocas. Mantén una postura erguida y relajada para evitar encorvarte sobre el instrumento, ya que esto puede afectar tanto a tu técnica como a tu comodidad al tocar. Tocar de pie sin correa puede requerir algo de práctica para manejar el ukelele con estabilidad.

Para tocar el ukelele de pie **usando una correa** de ukelele al cuello, ajústala para que el instrumento quede a la altura adecuada. Idealmente, el ukelele debe estar posicionado de tal manera que puedas acceder fácilmente a todo el mástil. La parte inferior del cuerpo del ukelele debe reposar cerca de tu estómago o pecho, dependiendo de tu comodidad y la longitud de la correa. La correa debería sostener la mayor parte del peso del ukelele, liberando tus manos para que puedas enfocarte en tocar. Con la ayuda de la correa, tu mano izquierda no necesitará soportar el peso del ukelele, lo que permite una mayor libertad de movimiento a lo largo del mástil y facilita cambiar de posición rápidamente. Finalmente, practica moviéndote mientras tocas para acostumbrarte a la sensación de tener el ukelele colgado. La correa no solo facilita tocar de pie por periodos prolongados, sino que también te permite moverte libremente sin preocuparte de sostener el instrumento únicamente con tus manos.

En este sentido te recomiendo, a nivel personal, optar por usar una correa de guitarra en lugar de una de ukelele. Las correas de ukelele suelen sujetarse al cuello y a la boca del instrumento (Imagen 9), concentrando todo el peso en un único punto de tu cuerpo. Por el contrario, las correas para guitarra se usan a modo de bandolera, distribuyendo el peso de manera más uniforme a través de tus hombros (Imagen 10). Además, estas correas tienen dos puntos de anclaje, uno al final de la cabeza y otro en la base del cuerpo del instrumento, lo que proporciona una mayor estabilidad al ukelele.

Imagen 9. Correa de ukelele

Imagen 10. Correa de guitarra

Imagen 11. Bandolera y correa

En la Imagen 11 puedes ver una bandolera (izquierda) y una correa para el cuello (derecha).

3.5. Posición de las manos

Al igual que la colocación del cuerpo, la posición de las manos sobre el instrumento para hacerlo sonar correctamente es muy importante. A nivel de ambas manos, es fundamental que estén relajadas y que hagan la fuerza y presión justas y necesarias en cada momento. Un exceso de presión o de fuerza da lugar a que pueda sonar mal (por rozar cuerdas incorrectas, por ejemplo) o incluso a que nos hagamos daño a nivel físico.

MANO DERECHA: Debes ubicar tu mano derecha cerca de la boca del ukelele. Recordemos que por la boca sale gran parte del sonido del instrumento, de modo que si colocamos la mano totalmente delante de la misma podemos perder mucha sonoridad. Es interesante que la posición de la mano sea consecuencia de la colocación del antebrazo (concretamente del codo) en el extremo derecho del instrumento. Una vez ahí es importante que la muñeca no se gire excesivamente hacia la derecha, sino que se mantenga en la misma posición que cae, pues es nuestra posición más natural y, por lo tanto, no será tan susceptible de lesionarse por forzarla de alguna manera (Imagen 12).

Imagen 12. Posición mano derecha

Te aconsejo que tengas especial cuidado con el dedo meñique de esta mano. Este dedo no toca las cuerdas, no participa en ningún momento, pero en numerosas ocasiones se separa del resto de los dedos sin que nos demos cuenta creando una tensión en toda la mano que es absolutamente innecesaria y que dificultará realizar los diferentes ritmos. También hay gente que lo apoya en la tapa del ukelele. Al principio les sirve como sujeción para tener una referencia de dónde están las cuerdas, pero, más adelante, les dificulta tocar con soltura y deben reaprender a colocarla de nuevo, siendo este proceso más lento que hacerlo bien desde el principio.

Mano izquierda: Es la encargada de presionar las cuerdas sobre el mástil. Debes tener en cuenta que esta mano no debe tener uñas que asomen de las yemas para poder pisar las cuerdas correctamente. Los dedos no se colocan rectos, sino que se arquean, y la muñeca debe estar girada ligeramente hacia la izquierda (Imagen 13). Si colocas tu muñeca ligeramente hacia delante y hacia la izquierda con respecto a la vertical, ayudas a que la posición sea más cómoda en todo momento y puedas ejercer presión con los dedos. Esta presión debe ser la justa para que la cuerda suene de manera limpia (sin sonidos sucios fruto de que está rozando en algún sitio que no debería). Una forma de saber cuál es esa fuerza justa que debes de realizar es apretar progresivamente con un dedo en un traste de una cuerda. Cuando compruebes que se empieza a producir sonido y lo escuches con claridad puedes parar. No es necesario seguir apretando. Esa es la fuerza justa necesaria para que suene correctamente. De esta manera podemos buscar cuál es el punto de fuerza mínimo que necesita la cuerda para sonar sin hacer fuerza de más.

El pulgar va en la parte trasera del mástil, formando una ligera pinza con los dedos delanteros. (Imagen 13).

Imagen 13. Posición mano izquierda por delante y por detrás

3.6 Mantenimiento y cuidados

Tu ukelele es tu compañero de aventuras musicales, así que conviene cuidarlo bien para que dure muchos años. Aquí van unos consejos sencillos:

- 🍃 LIMPIEZA: Limpia las cuerdas y el cuerpo con un paño suave después de cada uso para eliminar el sudor o el polvo.

- 🌶 EVITA TEMPERATURAS EXTREMAS: No dejes el ukelele cerca de fuentes de calor, como estufas o sol directo, o en lugares como el maletero del coche. El calor puede deformarlo o dañar la madera. Igualmente, mucho frío no se sienta bien, recuerda siempre que es de madera.

- 💧 EVITA LA HUMEDAD: No lo guardes en sitios húmedos. La humedad puede hacer que se abombe o pierda afinación. También puede agrietarse.

- 🎻 TRANSPORTE: Usa siempre una funda. Esta funda debe ser, como mínimo, acolchada, para protegerlo de golpes y arañazos mientras lo transportas. Cuidado con aquellas fundas que no son más que una tela, porque cualquier golpe o roce se lo llevará el instrumento. Personalmente, te recomiendo llevarlo en un estuche rígido que, a diferencia de las fundas acolchadas, lo protege aún más (Imagen 14). Si además es hermético, entonces está en el mejor lugar. Además, los hay así y que además tienen correa para que puedas colgártelo como una mochila y que el transportarlo sea muy cómodo.

Imagen 14. Estuche rígido para ukelele

- 🔄 CAMBIO DE CUERDAS: Si notas que las cuerdas suenan apagadas o están desgastadas, es hora de cambiarlas. No es complicado y hay muchos tutoriales. Una vez que aprendas a cambiar una, todas se cambian igual. También puedes ir a tu tienda de música de confianza y seguro que te ayudan.

Con estos conceptos básicos ya tienes un punto de partida sólido para empezar tu camino. Poco a poco, irás ganando soltura y confianza. Lo importante es disfrutar del proceso... ¡y dejar que la música entre en tu aula y en tu día a día!

4. Acordes

Una vez que tienes clara tanto la postura de tu cuerpo como la de tus manos, llega uno de los momentos más esperados: tocar tus primeros acordes. Con solo unos pocos acordes, puedes acompañar muchísimas canciones. Lo mejor es que aprenderlos es más sencillo de lo que parece. ¡Vamos paso a paso!

El acorde es un conjunto de tres o más notas diferentes y concretas (aunque dentro del mismo pueden repetirse) que se tocan de forma simultánea, es decir, al mismo tiempo. La sonoridad resultante constituye lo que se denomina una unidad armónica, es decir, un acorde. Si quieres profundizar un poco más en el contenido de teoría musical, está bien que sepas que cada acorde está compuesto de diferentes intervalos, que son las distancias que hay entre sus notas. Dependiendo de esos intervalos, se forman unos acordes u otros.

4.1 El cifrado americano

El cifrado americano es un **sistema de notación musical** que se usa en los países anglosajones y que identifica los acordes con letras del alfabeto. A simple vista, puede parecer un poco más complicado de lo que estamos acostumbrados, pero te aseguro que, en cuanto le pillas el truco, es **práctico, claro y muy fiable**.

En España (y en muchos otros países de habla hispana) solemos ver los acordes escritos como «do mayor», «re menor», etc. Esta forma, como es lógico, nos resulta muy familiar porque está en nuestro idioma. Sin embargo, hay algo que a veces nos complica la vida: no hay una forma única de escribir esos acordes y, dependiendo del lugar donde los encuentres, pueden representarse de formas muy distintas.

Pongámonos en situación: imagina que estás buscando en internet los acordes de una canción que te encanta para tocarla con tu alumnado. Resulta que, dependiendo de la página o de la persona que haya subido la canción, los acordes pueden aparecer escritos de maneras diferentes y, si no conoces cada una, puede ser difícil saber a qué se refiere exactamente. Por ejemplo, el acorde de do puede aparecer escrito como «Do» (con la «D» mayúscula y la «o» minúscula), «DO» (todo en mayúsculas), «do» (todo en minúsculas), «Dom» (para indicar que es menor usando la «m» minúscula al final), «DO M» (en mayúsculas, con una «M» para decir que es mayor). Así, es difícil saber cuándo ese acorde debe ser mayor o menor con certeza.

La cuestión definitiva es que si toda esta explicación de cuando puede ser mayor y cuando menor, cuando tiene séptima mayor y cuando no, y como compararlos dentro de la canción en concreto y demás te parece algo liosa (que te comprendo perfectamente), imagínate si te enfrentas tú solo o sola sin saberlo. Por eso, te recomiendo aprender el cifrado americano. Aunque al principio te tengas que aprender qué letra corresponde a qué nota (A = la, B = si, C = do, etc.), una vez lo sabes, todo lo demás funciona siempre igual, sin importar dónde lo veas. No cambia según quién lo escriba. Es un sistema claro y universal.

¿No crees que merece la pena aprenderlo desde el principio? ¡Pues venga, vamos a por ello!

¿Cómo funciona?

Recuerda que en el apartado de afinación de este método ya estábamos introduciéndonos en este cifrado. Tal como se menciona, a partir de la nota la, que es el sonido de referencia de afinación, puedes ir diciendo en orden las letras del alfabeto, siendo esta nota la letra A. De esta manera, continúas con la B (nota si), C (nota do), D (nota re), E (nota mi), F (nota fa) y, finalmente, G (nota sol). Acuérdate de que son correlativas y siempre van en mayúsculas. Es sencillo aprenderse solo una que tenga sentido para ti y el resto buscarlas en esa correlación. Por ejemplo, algunos aprenden la, que acaba en A, como su letra. Otros fa, que empieza por F, como la suya. Cualquier sistema te será sencillo y, aunque al principio te cueste seguir una canción con este cifrado (y hasta te hagas tus apuntes a lápiz al lado), pronto te harás con él, de verdad. Es más, esas anotaciones tuyas hacen que visualmente estés relacionando, por ejemplo, cada vez que veas el acorde C con lo que has puesto: «do mayor».

Sigamos avanzando entonces. En el acorde, la letra correspondiente indica el acorde (do, re..., el que sea), pero el resto se identifica de la siguiente manera:

- Para poner un acorde mayor: Solo se pone la letra, nada más. Por ejemplo: C es do mayor, E es mi mayor. Sencillo. También hay acordes alterados, con sostenido o con bemol, y simplemente se añade después el símbolo «#» para el sostenido o «b» para el bemol. Por ejemplo: C# es do sostenido mayor, Eb es mi bemol mayor.

- Para poner un acorde menor: Se pone de nuevo la letra mayúscula, pues identifica el acorde (y no si es mayor o menor) y se le añade una «m» minúscula. Por ejemplo: Cm será do menor y Em será mi menor. Igual que en el caso anterior, para identificar si es sostenido o bemol debes colocar el símbolo «#» para el sostenido o «b» para el bemol justo detrás de la letra, antes de la m minúscula, de esta manera: C#m, que sería do sostenido menor, o Bbm, que corresponde a si bemol menor.

- Para poner un acorde con séptima: Tienes que recordar cómo se pone el acorde mayor y, a modo general, añadirle el número «7» para tener un acorde mayor con séptima y si quieres que el acorde sea menor con séptima, pues igual, pero añadiendo la «m» minúscula, como hemos visto en el caso anterior. Sencillo, ¿verdad? Por ejemplo: C7, será do mayor con séptima y Cm7, do menor con séptima.

Además de estos acordes, existen otros más complejos que incorporan más sonidos, pero con estos puedes acompañar esas canciones que tanto te gustan de sobra. De todas formas, si quieres saber más sobre armonía en el ukelele, siempre puedes seguir ampliando conocimientos cuando tengas estos claros. De momento ¡seguimos!

4.2 Cómo leer diagramas de acordes

Los diagramas son la manera de **representar gráficamente las posiciones de los dedos** concretas para cada uno de los acordes. Los diagramas son una manera fácil y visual de saber dónde se coloca cada dedo, puesto que representan una parte del mástil del ukelele, con cuatro líneas verticales por cada una de las cuerdas y horizontales que representan los trastes. Puedes ver a lo que me refiero en la Imagen 15.

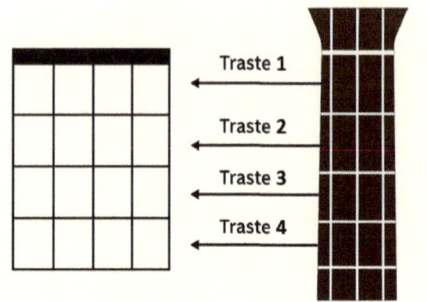

Imagen 15. Relación entre el diagrama y el mástil

De esta manera, las cuerdas van colocadas en el mismo orden que observas, en vertical, siendo la de la derecha la primera cuerda hasta la cuarta (la primera por la izquierda). Del mismo modo, puedes ver las separaciones hechas con líneas horizontales, que representan la separación de cada uno de los trastes del ukelele. En la siguiente figura, lo puedes ver más claro aún (Imagen 16).

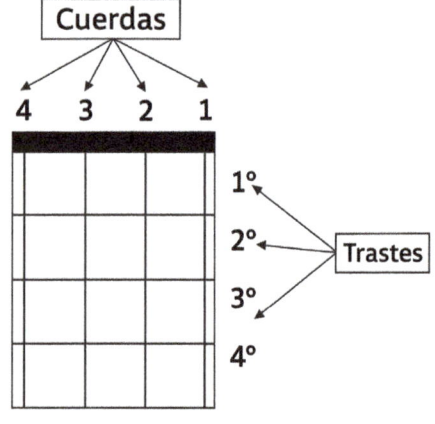

Imagen 16. Interpretación del diagrama de acorde

En los diagramas de acordes, lo que se indican son los dedos de la mano izquierda que debes usar y el traste y cuerda concretos que debes pisar para formar los diferentes acordes. Estos **dedos de la mano izquierda se identifican con un número** para que sea más sencillo, porque poner «índice», «anular», «meñique»... ¡ocupa demasiado! Por eso, se identifican de esta manera: el índice es el 1, el medio el 2, el anular el

3 y, finalmente, el meñique el 4 (el pulgar no se nombra, puesto que no toca las cuerdas, sino que hace presión por detrás del mástil).

Por su parte, **los dedos de la mano derecha se identifican con una letra**. Es la primera letra que identifica a cada dedo, es decir, el pulgar es «p», el índice es «i», el medio es «m» y el anular es «a». Ambas formas de identificar los dedos de las dos manos las puedes ver en la siguiente imagen.

Imagen 17. Nomenclatura de los dedos

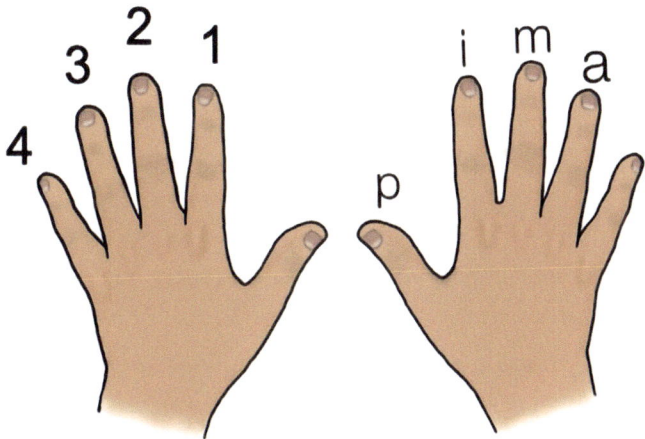

4.3 En qué orden aprender los acordes

Es muy importante el orden en el que comienzas a aprender las diferentes posiciones de cada uno de los acordes. Esto es así porque si comienzas por acordes muy difíciles, te puede frustrar, hacer daño e incluso abandonar. También es importante porque tu mano, poco a poco, se va acostumbrando a realizar la presión necesaria para pisar las cuerdas, de modo que hay que ir aprendiendo los acordes, como todo, en orden creciente de dificultad para ir superando estas dificultades progresivamente.

Te sugiero que te plantees una especie de **reto**, es decir, ser capaz de aprenderte de memoria las posiciones de tres o cuatro acordes en cada semana. Esto significa ser capaz de colocar los dedos correctamente en el ukelele y, además, conseguir quitar todos los dedos, mirar hacia otro lado (es decir, perder la referencia visual con el instrumento) y poder volver a colocarlos sin problema alguno. Si consigues este reto, estaríamos hablando de que en poco más de un mes, conocerías perfectamente los suficientes acordes como para poder tocar prácticamente todas las canciones que te gustan.

Antes de ofrecerte la lista de los acordes en orden creciente de dificultad, permíteme decirte que la forma de aprenderlos no debe ser solo colocar la posición y ya está, no; debes colocar todos los dedos (dedicando el tiempo necesario a ello para que estén correctos siguiendo las directrices que te he mencionado) y, tras ello, debes tocar con el dedo pulgar de tu mano derecha, una a una, las cuerdas desde la cuarta hasta la primera. La finalidad consiste en comprobar que todas las cuerdas (tanto las que estén pisadas por algún dedo como las que no) suenan correctamente y de forma limpia. Esto es fundamental, ya que parece que solo tenemos que centrarnos en que suenen bien las cuerdas que estamos pisando, y eso es un gran error. Recuerda que un acorde se forma con todos los sonidos, los que estamos pisando y los que no. Por esta razón, es muy importante que todas suenen y que, si no es así, te detengas el tiempo necesario en encontrar el posible error.

Llegados a este punto, aquí te dejo una **relación de los acordes en orden creciente de dificultad y en cifrado americano**. Los diagramas correspondientes los puedes ver en el glosario de acordes.

C	Am	A	F	G	D	Cm	Dm	Em	Gm	Fm	Bm	E	B

4.4 Consejos para realizar cambios de acordes

Esta parte, seguramente, es la más complicada de todo el proceso..., ¿a que sí? Pero ¡ojo!, que lo que has conseguido hasta ahora no es poca cosa. Ya colocas los dedos en las cuerdas y en los trastes correctos, y lo mejor: suenan limpias, sin ruidos raros, sin rozar otras cuerdas y con la presión justa. ¡Eso es un logro enorme, de verdad!

Ahora llega el **siguiente reto: cambiar de un acorde a otro** sin perder el ritmo, sin quedarte a medio camino y sin que parezca que el tiempo se detiene cada vez que mueves la mano. No te preocupes, esto es totalmente normal al principio.

Por eso, quiero compartir contigo algunos trucos que te van a ayudar a hacer esos cambios más fáciles y, poco a poco, a que se te queden grabados. La idea es que, con la práctica, tu mano izquierda se mueva sola, casi sin pensar, mientras tú te centras en lo que hace la derecha (el rasgueo) y en cantar encima.

Esto funciona así: **cuanto más automatices, más fácil será** sumar tareas sin agobiarte. Así que, paso a paso y sin prisa, que cada pequeño avance cuenta.

Pasemos a los consejos para que el cambio entre acordes sea más sencillo.

Consejo 1: Posición correcta de la mano izquierda y de los dedos

Recuerda que el primer y mejor consejo antes de comenzar es, tal como te mencionaba al principio, que tengas tu mano izquierda en la posición adecuada (tanto los dedos como la muñeca).

Consejo 2: Quédate cerca siempre

La idea a la que quiere referirse este consejo es que **todo lo que se va, tiene que volver**. Es decir, intenta siempre separarte lo menos posible del ukelele en todos los aspectos para que volver a él no requiera demasiado tiempo ni sea un ejercicio difícil de precisión (al estar más lejos del mástil, es más difícil acertar en el sitio exacto con los dedos).

De esta manera, procura que los dedos estén lo más cerca posible de los trastes, pero sin rozar las cuerdas; de esta forma, el movimiento que tienes que realizar para acercarlo a ellas es mucho menor.

Con respecto a la mano, no la alejes mucho del mástil, procura que este cerca y con los dedos siempre curvados (como sosteniendo esa pelota de tenis, recuerda) preparados para tocar (tanto si les toca como si no) para que no pille de sorpresa que tenemos que usar un dedo concreto y esté estirado hacia fuera, muy encorvado o incluso por debajo del mástil. Es importante no esconder de esta manera aquellos dedos que no vamos a usar en ese momento, porque puede que justo en el siguiente uno haga falta y tenga que hacer mucho recorrido para llegar a su posición, muchísimo más que si lo tengo a unos milímetros de las cuerdas, ligeramente curvado, relajado, esperando su momento.

Consejo 3: Ejercitar la memoria fotográfica

Un truco muy útil que a veces pasamos por alto es practicar no solo los cambios de acordes, sino también simplemente poner y quitar el mismo acorde. Suena básico, pero es superefectivo.

Haz la prueba: coloca el acorde que quieras, míralo con calma unos segundos, como si lo fotografiaras con la mente. Luego, suelta completamente la mano, aléjala del mástil... y trata de volver a colocar ese acorde lo más rápido y preciso posible. En este ejercicio, la vista te guía, pero también estás entrenando la memoria muscular de la mano para que, poco a poco, sepa exactamente a dónde tiene que ir incluso «en el aire», antes de llegar al ukelele.

¿Quieres subir el nivel? Haz lo mismo, pero esta vez, cuando quites la mano..., gira la cabeza un momento. Así pierdes también la referencia visual. Luego vuelve a mirar y trata de colocar el acorde bien y rápido. Al principio cuesta, claro, porque sin mirar no es tan fácil volver al punto exacto. Pero es un ejercicio buenísimo para mejorar la coordinación y la memoria de tu mano.

Y aprovecho para aclarar algo importante: a veces se escucha eso de que «si no miras al instrumento, es que ya tocas bien», como si fuera una señal de nivel. Pero vamos a ser realistas: si tienes algo que te puede ayudar, como la vista, ¿por qué no usarlo?

Recuerda que estás aprendiendo, y en esta etapa toda ayuda es bienvenida. Mirar al mástil te permite conocerlo mejor, entender dónde estás, memorizar las formas de los acordes y sentir seguridad. Y con el tiempo, casi sin darte cuenta, irás necesitando mirar menos porque tu mano ya sabrá por sí sola dónde ir.

Así que **no te obsesiones con tocar sin mirar** como si fuera un superpoder. Ya llegará ese momento, pero no es el objetivo en sí. El verdadero motivo para no mirar será cuando necesites centrar tu atención en otra cosa: el ritmo con la mano derecha, leer la letra de una canción, los acordes en una hoja... ¡Eso sí tiene sentido!

Así que ya sabes: en esta etapa, mira, observa, aprende..., que todo lo demás vendrá con la práctica.

Consejo 4: Atención centrada en el cambio

Otro detalle importante a tener en cuenta es este: cuando estés practicando los cambios de acordes con la mano izquierda, no añadas todavía ningún ritmo con la derecha. Es tentador, lo sé, pero en esta fase lo mejor es centrarse al 100 % en que el cambio salga bien. Si empiezas a marcar un ritmo o acompañamiento con la mano derecha, inevitablemente tu atención se va a dividir... y eso, al principio, no ayuda. Lo que sí necesitamos de la mano derecha es que haga sonar el acorde para comprobar si está bien colocado y suena limpio. Nada más.

¿**Cómo hacerlo? Muy fácil**: desliza suavemente el pulgar de la mano derecha por las cuerdas, de arriba hacia abajo. Así podrás escuchar si el acorde suena claro y cada dedo está donde debe.

La dinámica sería esta: 1) Coloca el primer acorde. 2) Desliza el pulgar por las cuerdas. 3) Cambia al siguiente acorde. 4) Vuelve a pasar el pulgar. 5) Repite el proceso tantas veces como necesites.

Es una práctica sencilla, sin complicaciones, pero superefectiva para ir pillando confianza en los cambios. Ya habrá tiempo de meter ritmos más adelante. Ahora, lo importante es que tu mano izquierda se vaya soltando y que cada acorde suene como debe.

Consejo 5: Mantener dedos comunes

Un consejo muy funcional que te puedo ofrecer para facilitar el cambio de un acorde a otro es **mantener los dedos comunes que tengan ambos acordes**. Por ejemplo, veamos estos dos acordes: F (fa mayor) y Dm (re menor). Quiero que te fijes bien en los diagramas de los dos. Si te das cuenta, en ambos hay dos dedos que tiene la misma posición: el 1 (índice) y el 2 (medio). Por ello, para cambiar de uno a otro, no debes quitarlos de su sitio. Visto así puede parecer una obviedad, pero te aseguro que he visto a mucha gente cambiar entre estos dos acordes poniendo la posición del primero, levantando toda la mano del mástil y después poniendo la posición del segundo. Lo interesante que hay que tener en cuenta en este momento podría ser, como ya te dije, que todo lo que se va, tiene que volver. Es decir, si separo todos los dedos del mástil tras poner un acorde, tengo que volver a traerlos todos de nuevo (o los que necesite) y eso es trabajo extra que, además, me lleva un cierto tiempo hacer y, por lo tanto, el cambio de un acorde a otro será más lento.

Cambio de F a Dm (se mantienen las posiciones de los dedos 1 y 2)

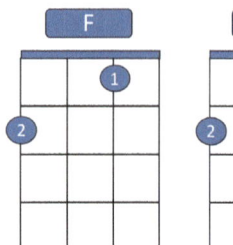

De esta manera, siempre que vayas a cambiar de un acorde a otro, ten en cuenta esta idea y si existen dedos en común entre ambos, es decir, que estén en el mismo traste y en la misma cuerda, no los levantes. Esto te dará más rapidez porque ya tienes camino avanzado en la posición del segundo acorde, pero, sobre todo, porque no has perdido el punto de referencia del mástil. Si toda la mano se va, toda la mano tiene que volver y encontrarse de nuevo; pero si dejo algún dedo ya colocado (porque pertenece al siguiente acorde), es como el que deja miguitas de pan para no perderse en el camino. Confía en mí.

Aquí te dejo otros cuantos cambios que cumplen esta regla para que sigas practicando.

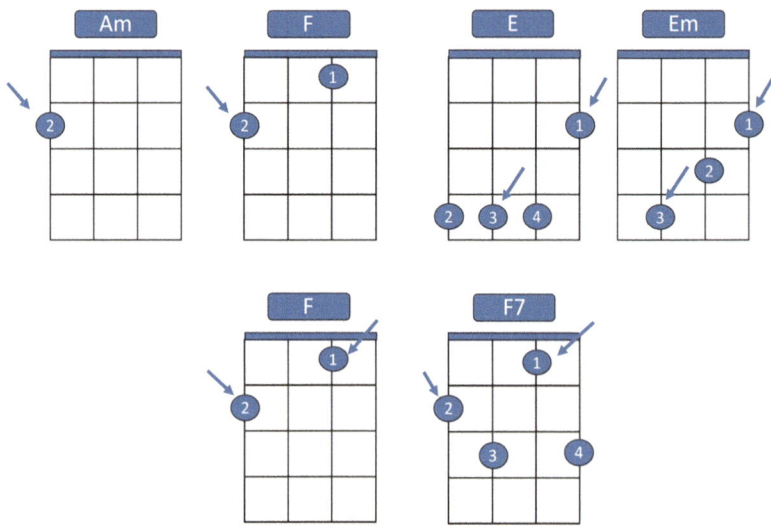

Consejo 6: Utiliza dedo/s guía/s

Vamos a definir un dedo guía (o varios) como **aquel que ayuda a no perder la referencia del mástil del ukelele en el cambio de un acorde** a otro. A diferencia del caso anterior, ahora ese dedo se va a mover de traste, pero no de cuerda. Esto significa que puedes arrastrarlo, sin levantarlo, por la cuerda que está pisando hasta llegar al traste correspondiente para el siguiente acorde.

Vamos a poner algún ejemplo para que aún lo puedas ver más claro y comprenderlo antes. Fíjate bien en los siguientes acordes. El procedimiento comienza colocando el acorde de C. Tras haber tocado con el pulgar derecho las cuerdas de arriba hacia abajo (y comprobado que suena bien), procederíamos a quitar todos los dedos, salvo el 2. Una vez realizado, arrastramos un traste ese dedo (el dedo guía) por la cuerda en la que está (la primera) hasta llegar a su posición en el siguiente acorde y después colocamos los otros dos dedos que faltan para completarlo. Este ejercicio puede ser realizado en bucle, es decir, con movimientos de ida y vuelta con esta secuencia: C-G-C-G (y así sucesivamente).

Te aconsejo que dediques un pequeño tiempo a encontrar los posibles dedos en común y los dedos que actúen de guía entre los cambios de

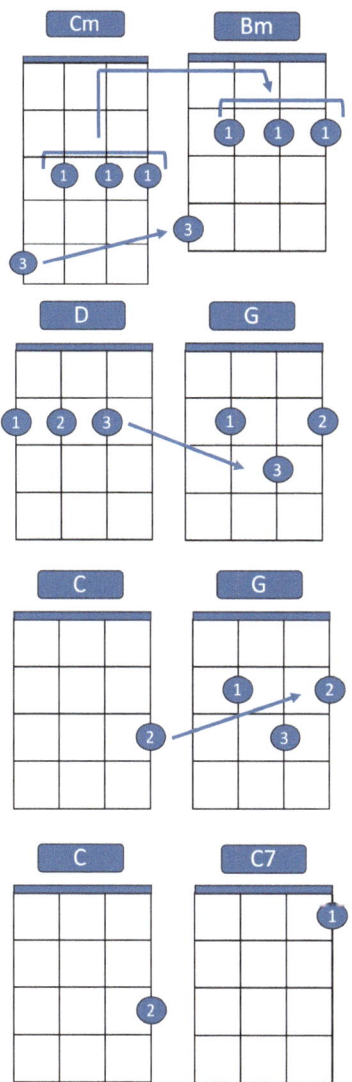

Cambio de C a G con dedo guía

acordes que tengas que realizar en tus acompañamientos según vayas aprendiendo acordes más complejos porque te va a facilitar mucho la tarea. Lo ideal es mecanizarlos en la mano izquierda, de modo que al final, ella sola, al realizar esos cambios concretos, los realice siempre de esta forma, al tenerlos aprendidos de esta manera.

5. La cejilla

Como cejilla entendemos **tanto una técnica** que puedes emplear en el dedo índice de la mano izquierda **como un accesorio** que se incorpora fácilmente al ukelele para subir el tono de las canciones y ajustarlas a tu voz. Vamos a ver cada una de ellas.

5.1 Cejilla con el dedo índice

Usar el dedo índice para hacer una cejilla significa presionar todas las cuerdas necesarias para tocar un acorde, que están en el mismo traste, con este dedo. Fíjate, por ejemplo, en el acorde de Cm7. Si te fijas, el dedo índice debe presionar al mismo tiempo las cuerdas, por lo que se coloca plano sobre las mismas utilizando la primera falange del mismo y la parte de la segunda que te sea necesaria (en función de lo largo que sea tu dedo).

Cambio de Bm a B

Hay otros acordes que no tienen el dedo índice haciendo cejilla en las cuatro cuerdas, sino en tres o dos. Esto lo puedes ver, por ejemplo, en los acordes de Bm (tres cuerdas) y B (dos cuerdas).

Ten en cuenta que algunos acordes (como D7) indican que el dedo 1 (índice) debe colocarse en tres cuerdas (cuarta, tercera y segunda), pero en la primera hay otro dedo en otro traste. Eso no significa que debas colocar tu dedo 1 para que no toque la primera cuerda. Tu dedo índice hace cejilla completa y es el dedo 2 el que, además, se añade al acorde. De otra forma sería muy complicado, innecesario y daría mucha tensión en tu mano.

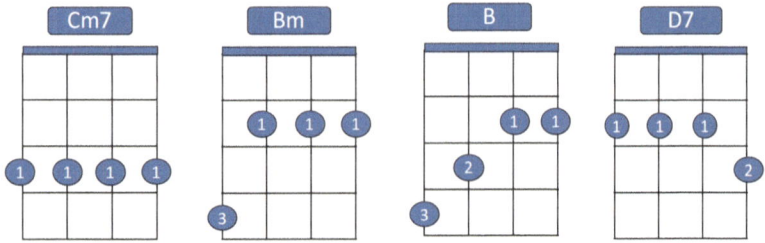

Un consejo que me gustaría darte es que la fuerza que debe ejercer este dedo no es la clave para que la cejilla suene correctamente, sino el encontrar la **presión justa** para que suenen todas las cuerdas con el **mínimo esfuerzo posible** por tu parte.

5.2 Cejilla accesorio

Un accesorio llamado «cejilla» es una **especie de pinza** que se coloca en el traste deseado y presiona las cuerdas contra el mástil para modificar el tono de las cuerdas del instrumento sin cambiar la afinación estándar (Imagen 18). Al colocar la cejilla en un traste del mástil del ukelele, se acorta la longitud de las cuerdas, elevando así el tono de todas ellas en conjunto y haciendo que suenen más agudas. Esto permite tocar canciones en diferentes tonos

Imagen 18. Cejilla accesorio

utilizando los mismos acordes, facilitando la ejecución de piezas que de otro modo requerirían el uso de acordes más complejos.

Por ello, la cejilla es particularmente **útil para acompañar canciones**, ya que permite ajustar el ukelele a la voz de forma rápida y sencilla. **Si la canción es demasiado baja para tu voz**, solo debes ir subiendo la cejilla traste por traste hasta encontrar el punto en el que te resulte cómodo (cada traste va subiendo de medio en medio tono).

Por otro lado, **si una canción es muy aguda para tu voz**, puedes subir el tono con la cejilla hasta llegar a uno en la que puedas cantarla en la octava más grave.

Sin duda, como docente, vas a encontrar en la cejilla un accesorio muy útil en situaciones donde necesitas cambiar el tono de varias canciones en poco tiempo. Además, es fácil de usar y ocupa muy poco espacio. Te aconsejo que siempre lo lleves dentro de tu funda o estuche de transporte del instrumento.

6. Los errores más frecuentes

Este apartado, la verdad, me parece fundamental. Quiero contarte (aunque alguno ya lo he ido salpicando por ahí) los errores más comunes que solemos cometer cuando estamos empezando a tocar el ukelele. Créeme cuando te digo que no te pasa solo a ti: esos detalles que a veces se te atragantan ¡nos han dado guerra a todos y a todas! Así que no te agobies si algo no te sale a la primera, porque justo lo que quiero con esto es, por un lado, que conozcas esos errores típicos para que puedas pillarlos a tiempo, corregirlos si te están pasando o incluso evitarlos antes de que aparezcan. Y por otro, que no te frustres si alguna cosa no te sale aún. De verdad, no significa que no vaya a salir. Solo significa que necesitas un poco más de tiempo y un poco más de práctica. Como todo lo bueno.

Así que ya sabes: si algo se te resiste, respira hondo, míralo como parte del proceso y no pierdas la calma. La música, como la vida, va con paciencia. Siempre paciencia. Y con un poco de constancia, ya verás cómo todo va encajando y luego te alegrarás.

6.1. Errores frecuentes que se cometen con la mano izquierda

- CUIDADO CON LAS UÑAS EN LA MANO IZQUIERDA. Si asoman por encima de la yema, no vas a poder presionar bien las cuerdas. Es un detalle sencillo, pero muy importante.

- NO AGARRES EL MÁSTIL CON LA PALMA DE LA MANO. Si lo haces, te limitas un montón. Además, si usas la mano izquierda para sujetar el ukelele, en cuanto la quites para cambiar de acorde... ¡se te mueve todo! Recuerda: el instrumento debe estar bien apoyado por sí solo, no sostenido por tu mano.

* NO ESCONDAS LOS DEDOS QUE NO ESTÉS USANDO. Déjalos relajados y preparados, como si estuvieran esperando su turno. Si los escondes o tensas, la mano sufre más de la cuenta, y tocar se vuelve más incómodo.

* EVITA QUE LOS DEDOS SE DOBLEN HACIA DENTRO (la falange más cercana a la uña). Esto suele pasar si llevas demasiado hacia fuera la muñeca.

* EL POBRE DEDO MEÑIQUE IZQUIERDO... ese gran olvidado que suele ir tenso y cuesta controlar. Es normal, porque tiene menos fuerza y comparte tendón con el anular. Si ves que te cuesta moverlo con libertad, una pelotita antiestrés de esas blanditas te puede venir genial para fortalecer la mano y ganar control. ¡Hazle un huequito en tu rutina de práctica!

Lo más importante: *tómatelo con calma*. Todos estos errores son parte del proceso y corregirlos es importante. Pero con paciencia y constancia, vas a notar cómo cada vez todo suena más claro y tus manos se mueven con más soltura. ¡Ánimo y a seguir tocando!

6.2. Errores frecuentes que se cometen con la mano derecha

* APOYAR UNO O VARIOS DEDOS EN LA TAPA: Este es un error muy común, aunque tiene su lógica. Al principio, cuando estamos aprendiendo, apoyar uno o varios dedos de la mano derecha en la tapa del ukelele puede parecerte útil como un punto de referencia para saber dónde están las cuerdas y tener más control. Y sí, lo entiendo perfectamente; *parece que ayuda*. ¿El problema? Que ese apoyo, que al principio te da seguridad, más adelante **se convierte en un estorbo**. Cuando empieces a hacer ritmos más variados, más rápidos o más complejos, necesitarás que tu mano derecha tenga libertad de movimiento. Y si ya se ha acostumbrado a estar apoyada, quitarle esa costumbre cuesta. ¡Y mucho! Lo que ocurre es que cuando algo se mecaniza (como la posición de la mano al tocar),

luego cuesta bastante reeducarlo. La mano derecha va a intentar volver una y otra vez a su postura conocida, la que ha repetido mil veces. Y ahí empiezan los problemas. Por eso, mi consejo es claro: **desde el principio, evita apoyar los dedos en la tapa o sujetarte en ella**. Aunque ahora te parezca más difícil tocar sin ese «apoyo», a la larga te lo agradecerás. Ganarás soltura, ritmo y sobre todo evitarás tener que desaprender un mal hábito. Confía en mí: deja que tu mano flote libre sobre las cuerdas. Se va a adaptar; te lo prometo.

- TOCAR EN EL LUGAR EQUIVOCADO: La zona ideal para tocar con la mano derecha es **cerca de la boca del ukelele**. Justo ahí es donde el sonido sale más natural y equilibrado. Si te vas demasiado hacia la derecha, cerca del **puente**, notarás que las cuerdas están más tensas, suenan más duras al tocar... y el sonido se vuelve más **estridente y metálico**. Si, por el contrario, te vas demasiado hacia la izquierda, más cerca del **mástil**, puedes perder el punto de apoyo que te da el antebrazo derecho, lo que hace más incómodo tocar. Además, las cuerdas ahí están más blanditas y el sonido pierde fuerza, como si estuviera apagado. Así que, como en muchas cosas en la vida, **el equilibrio está en el centro**. Esa zona entre la boca y un poquito hacia la derecha suele ser el punto perfecto: suena bien, se toca cómodo, y tu brazo se mantiene en una posición natural. ¡Haz la prueba! Cambia un poco la posición mientras tocas y verás cómo cambia también el sonido. Eso sí, puedes usarlo de manera consciente para buscar diferentes sonoridades.

- ROMPER EL SONIDO: Llamamos romper el sonido a cuando estás tocando con tanta fuerza que las cuerdas empiezan a chocar con las líneas metálicas que separan los trastes (los que están en el mástil), y entonces en lugar de sonar limpio... aparece un ruido raro, como si algo vibrara mal. Si te pasa esto, no te preocupes: la solución es sencilla. Solo tienes que bajar un poco la intensidad con la que estás tocando con la mano derecha. El ukelele no necesita tanta fuerza para sonar bonito.

7. Ritmos

Una vez que ya conocemos los acordes en el ukelele y controlamos algunos cambios entre ellos, puedes comenzar a introducir diferentes **ritmos con la mano derecha** más allá de solo deslizar cuerda por cuerda nuestro dedo pulgar derecho desde la cuarta a la primera cuerda.

7.1 El rasgueo

El rasgueo es lo que le da vida, movimiento y emoción a una canción. Puedes tocar los mismos acordes con distintos rasgueos y la canción sonará completamente diferente. El rasgueo en el ukelele consiste en **rozar las cuerdas con los dedos de la mano derecha**, normalmente usando el índice, combinando índice y medio y/o con el dedo pulgar. Para que el rasgueo suene bien, tus manos tienen que estar bien colocadas. La izquierda, pisando las cuerdas correctamente y la derecha, realizando el movimiento (rasgueo) rotando la muñeca.

Comenzar con rasgueos sencillos es la mejor forma de ganar seguridad y fluidez. Podríamos decir que los rasgueos en el ukelele se componen principalmente de **tres posibles movimientos** con tu mano derecha:

Hacia abajo

El movimiento es hacia abajo, es decir, **desde la cuarta cuerda a la primera.** Puede realizarse con el pulgar derecho o con el resto de los dedos (salvo el meñique, que nunca participa en la mano derecha) colocados de forma relajada, similar a estar sosteniendo también una pelota de tenis.

Rasgueo hacia abajo con pulgar

Rasgueo hacia abajo con índice

Hacia arriba

Un movimiento hacia arriba **desde las cuerdas inferiores a las superiores**, y, del mismo modo se puede realizar con el pulgar o con el dedo índice.

Rasgueo hacia arriba con pulgar

Rasgueo hacia arriba con índice

Apagado y apagado percusivo

El apagado **no tiene sonido** y consiste en que la mano derecha se apoye sobre las cuerdas en vibración haciendo que estas paren inmediatamente y cese el sonido. Este parar el sonido que te menciono también puede ir acompañado de un pequeño golpe en la tapa del instrumento o en las cuerdas con las yemas de los dedos, fruto de ese apoyar la mano. Dependiendo de la velocidad y ligeramente de la fuerza que empleemos en este proceso de apagado del sonido, puede simplemente dejar de sonar o incorporarse este pequeño **golpe en la caja**, dando lugar a un momento de percusión dentro del acompañamiento lo que podemos llamar: apagado percusivo.

Apagado

Apagado percusivo

7.2 Combinaciones de movimientos

Ahora quiero compartir contigo una serie de **patrones de acompañamiento sencillos** (y efectivos) que combinan estos movimientos que te
he explicado para que los puedas aplicar a tus canciones. Están orga-
nizados en orden de menor a mayor dificultad, y la idea es que te sir-
van para ver cómo un ritmo básico se puede ir enriqueciendo poco a
poco, combinando movimientos hacia abajo y hacia arriba... e incluso
añadiendo apagados de cuerdas en ciertos momentos.

Para explicarlos de forma clara, vamos a usar un **sistema de flechas**:

- Una **flecha hacia abajo** (↓) indica el movimiento descendente de
  la mano derecha, desde la cuerda más grave hacia la más aguda.
- Una **flecha hacia arriba** (↑) indica lo contrario: el movimiento ascendente, desde la cuerda más aguda hacia la más grave.
- Una **X** va a hacer referencia al sonido apagado o percusivo.

Un detalle importante: **presta atención al movimiento de la muñeca.**
El codo se queda tranquilo, apoyado en el borde del ukelele, y es la muñeca la que hace el trabajo. Nada de mover todo el brazo. Usar solo la
muñeca te da más precisión, evita sobrecargas musculares y te permite
tocar durante más tiempo sin fatiga. No empieces con velocidad, que
no es lo más importante. Lo primero es hacer bien el gesto, que suene
claro, y que vayas sintiendo el ritmo. La velocidad ya vendrá sola con la
práctica, ¡te lo aseguro! Así que, poco a poco, sin prisa pero con ganas,
vamos dándole forma al rasgueo. ¡Vamos allá!

> ♫ Consejo:
> No siempre es necesario tocar todas
> las cuerdas. Comprueba que suena bien
> sin dar a todas todo el tiempo.

Rasgueo 1.

El patrón podría representarse así: ↓ ↓ ↓ ↓

Puedes usar este rasgueo para canciones más tranquilas (o rápidas si le das velocidad).

Los dedos que intervienen serían: pulgar-índice-pulgar-indice y así sucesivamente.

Rasgueo 2.

El patrón podría representarse así: ↓ ↑ ↓ ↑

Alterna movimiento hacia abajo y hacia arriba. Mantén la muñeca suelta y el ritmo constante.

Este puede ser el ritmo típico de *reggae* en el ukelele, que se caracteriza por su acentuación en momentos concretos. En particular, sería tocar algo más fuerte los rasgueos hacia arriba (↑). A continuación, te explico cómo funcionaría el patrón:

- Rasgueo hacia abajo (↓): ligero o a veces incluso omitido.
- Rasgueo hacia arriba (↑): acentuado.
- Rasgueo hacia abajo (↓): ligero o a veces incluso omitido.
- Rasgueo hacia arriba (↑): acentuado.

Los dedos que intervienen serían: pulgar-pulgar-índice-pulgar y así sucesivamente.

Rasgueo 3.

El patrón podría representarse así: ↓ ↓ ↑ ↑ ↓ ↑

Es un ritmo muy común en canciones pop. Puedes utilizarlo fácilmente.

Los dedos que intervienen serían: pulgar-índice-pulgar-pulgar-índice-pulgar y así sucesivamente.

8. Canciones para el aula

Una de las mayores alegrías de aprender a tocar el ukelele es poder usarlo para acompañar canciones en el aula. No necesitas ser músico profesional. Con unos pocos acordes y algo de ritmo, puedes transformar una actividad cotidiana en un momento mágico, divertido y educativo.

Ya sea para empezar el día con energía, reforzar contenidos o simplemente disfrutar de la música juntos, el ukelele puede convertirse en tu mejor aliado. Vamos a ver cómo.

8.1 Canciones infantiles adaptadas al ukelele

Muchas canciones infantiles pueden tocarse con dos a cinco acordes básicos. Aquí te dejo algunas para llevarlas a tu aula en función de si incluyen dos, tres, cuatro o cinco acordes.

Canciones con dos acordes

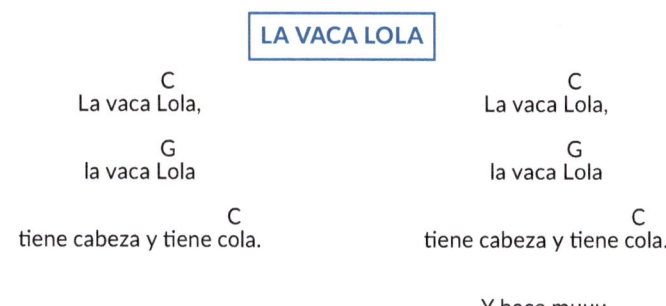

LA VACA LOLA

C
La vaca Lola,

G
la vaca Lola

C
tiene cabeza y tiene cola.

C
La vaca Lola,

G
la vaca Lola

C
tiene cabeza y tiene cola.

Y hace muuu.

SOY UNA TAZA

Taza, tetera,

cuchara, cucharón,

plato hondo, plato llano,

cuchillito, tenedor,

salero, azucarero,

batidora, olla exprés. Chú, chú. (BIS)

D
Soy una taza,

A
una tetera,

una cuchara

D
y un cucharón.

Un plato hondo,

A
un plato llano,

un cuchillito

D
y un tenedor.

Soy un salero,

A
azucarero,

la batidora

D
y una olla exprés. Chú, chú.

MI BARBA TIENE TRES PELOS

F   C
Mi barba tiene tres pelos.

F
Tres pelos tiene mi barba.

C
Si no tuviera tres pelos,

F
ya no sería mi barba.

UN ELEFANTE SE BALANCEABA

G   D
Un elefante se balanceaba sobre la tela de una araña.

G
Como veía que resistía, fue a llamar a otro elefante.

D
Dos elefantes se balanceaban sobre la tela de una araña.

G
Como veían que resistían, fueron a llamar a otro elefante...

Canciones con tres acordes

BABY SHARK

C
Baby shark, doo doo doo doo doo doo.

F
Baby shark, doo doo doo doo doo doo.

C
Baby shark, doo doo doo doo doo doo.

G
Baby shark!

Mommy shark, doo doo doo doo doo doo.

Mommy shark, doo doo doo doo doo doo.

Mommy shark, doo doo doo doo doo doo.

Mommy shark!

Daddy shark, doo doo doo doo doo doo.

Daddy shark, doo doo doo doo doo doo.

Daddy shark, doo doo doo doo doo doo.

Daddy shark!

Grandma shark, doo doo doo doo doo doo.

Grandma shark, doo doo doo doo doo doo.

Grandma shark, doo doo doo doo doo doo. Grandma shark!

Grandpa shark, doo doo doo doo doo doo.

Grandpa shark, doo doo doo doo doo doo.

Grandpa shark, doo doo doo doo doo doo. Grandpa shark!

Let's go hunt, doo doo doo doo doo doo.

Let's go hunt, doo doo doo doo doo doo.

Let's go hunt, doo doo doo doo doo doo.
Let's go hunt!

Run away, doo doo doo doo doo doo.

Run away, doo doo doo doo doo doo.

Run away, doo doo doo doo doo doo.

Run away!

Safe at last, doo doo doo doo doo doo.

Safe at last, doo doo doo doo doo doo.

Safe at last, doo doo doo doo doo doo.

Safe at last!

It's the end, doo doo doo doo doo doo.

It's the end, doo doo doo doo doo doo.

It's the end, doo doo doo doo doo doo.

It's the end!

A RAM SAM SAM

```
       C                C
A ram sam sam, a ram sam sam.

       G                 C
Guli-guli-guli-guli-guli a ram sam sam.
```

A ram sam sam, a ram sam sam.

Guli-guli-guli-guli-guli a ram sam sam.

A rabi, a rabi.

```
       F                 C
Guli-guli-guli-guli-guli a ram sam sam.
```

A rabi, a rabi.

Guli-guli-guli-guli-guli a ram sam sam.

LA BAMBA

```
        C F G
Para bailar la bamba,

          C
para bailar la bamba
   F      G     C F G
se necesita una poca de gracia.
       C            F
Una poca de gracia pa mí, pa ti.

      G    C F G
Ay, arriba y arriba.
            C
Ay, arriba y arriba.

   F     G      C
Por ti, seré; por ti, seré;

     F     G
por ti, seré.
          C F G
Yo no soy marinero.
         C
Yo no soy marinero,

    F   G      C
soy capitán, soy capitán,
```

```
       F  G
soy capitán.

     C  F  G
Bamba, bamba.
     C  F  G
Bamba, bamba.

     C  F  G
Bamba, bamba.
```

Para bailar la bamba (BIS),

se necesita una poca de gracia.

Una poca de gracia pa mí, pa ti.

Ay, arriba y arriba.

Para bailar la bamba (BIS),

se necesita una poca de gracia.

Una poca de gracia pa mí, pa ti.

Ay, arriba y arriba.

Ay, arriba y arriba.

Por ti, seré (BIS X3).

Bamba, bamba (BIS X3).

EDUCAR CON CUATRO CUERDAS

Canciones con cuatro acordes

BAJO EL MAR

```
C              G    C
Tú crees que en otros lados

F         G     C
las algas más verdes son

           G    C
y sueñas con ir arriba,

            G    C
qué gran equivocación.

       F              C
¿No ves que tu propio mundo

G              Am
no tiene comparación?

       F              C
¿Qué puede haber allá afuera

G                C
que causa tal emoción?

         F            C
Bajo el mar, bajo el mar,

       F            G
vives contenta siendo sirena;

             C
eres feliz.

       F       G
Sé que trabajan sin parar

           C        Am
y bajo el sol para variar

         F             G
mientras nosotros siempre flotamos

          C
bajo el mar.

C            G    C
Los peces son muy felices.

    F       G  C
Aquí tienen libertad.

C            G    C
Los peces allá están tristes.

       F     G    C
Sus casas son de cristal.

    F              C
La vida de nuestros peces
```

```
         G             Am
muy larga no suele ser.

        F               C
Si al dueño le apetece,

         F     G    C
«a mí me van a comer».

                F         C
Bajo el mar, bajo el mar,

               F           G
nadie nos fríe ni nos cocina

                 C
en la sartén.

           F            G
Si no te quieres arriesgar,

             C        Am
bajo el mar te quedarás

         F             G
y sin problemas entre burbujas

            C
tú vivirás.

                F            G
Hay siempre ritmo en nuestro mundo

            C
al natural.

         F         G
La mantarraya tocará,

          C         Am
el esturión se unirá

               F              G
siempre al ritmo, ritmo marino,

                C
bajo el mar.

        F       C
Oye la flauta, oye el arpa

G             C
y al contrabajo ponle atención.

       F               C
Verás las trompetas y el tambor;

         G           C
disfruta de tu canción.
```

```
      F              C
Con la marimba y el violín,

   G              C
las truchas volteando y el otro cantando

      F              C
sin olvidarnos del espadín.

      G              C
Que empiece la función.

            F  G   C
Bajo el mar, bajo el mar ,

              F
hay bailarinas:

        G              C
son las sardinas. Ven a bailar.

            F        G
¿Para qué quieres explorar

            C        Am
si nuestra banda va a tocar?
```

```
      F                G
Hay castañuelas: son las almejas

              C
bajo el mar.

      F                G
Y las babosas son tan jocosas

              C
bajo el mar.

         F              G
El caracol es saxofonista

             C            Am
y las burbujas llenan la pista

            F              G
para que bailes en esta fiesta

               C
¡bajo el mar!
```

DE ELLOS APRENDÍ
(David Rees)

```
C           F              Am
Hoy voy a hablarte de mis héroes,

            G
que me vieron crecer:

      F              C
desde el león que se hizo rey

      G                Am
hasta la princesa que rompió la ley.

   F           G        C
Si me preguntas a mí, de ellos aprendí

que hay personas por las que vale la

pena derretirse.

F
Todo es posible, incluso lo imposible.

C
Las virtudes, a veces, están bajo la

          G
superficie.

      F              C
La belleza está en el interior.
```

```
   G                      Am
Recuérdame aunque te diga adiós.

F           G              C
Debo dejar de ser algo que no soy.

Llorar me tranquiliza los problemas

de la vida.

              F
Elimina de tu vida si elimina tu sonrisa.

      Am                G
Hay una lágrima por cada risa.

              F          C
Eres más valiente de lo que crees.

           G            Am
¿Por qué tenemos que crecer?

                     F
La segunda estrella a la derecha, todo

       G              C
recto hasta el amanecer

Aférrate a aquello que te hace diferente.
```

F
Si esperas el momento oportuno, era ese.

Am   G
«Ohana» significa familia y «familia»
                    C
        estar juntos siempre.
    F   C   F
Que tu alma libre esté y que nunca es
            G   C
        tarde para ser joven.

                ESTRIBILLO:
    F   C   G
¡BOO! Sigue nadando, sigue nadando.
                        Am
        Quiero ser como tú.
                C
        Hakuna matata, vive y deja
        G   F
        bibidi babidi bu.
                    C
        Hay un amigo en mí
                            G
        tan blandito que me quiero morir.
                    C
        De ellos aprendí.

Cada día de lluvia tiene su arcoiris.
F   Am
El camino correcto no es el más fácil.
            G
        Espejito, espejito, eternamente
            agradecido.
        F   C
No te centres en lo que dejas atrás.
        G   Am
        Busca lo más vital.
F   G   C
Escucha a tu corazón y lo entenderás.
                            F
        Supercalifragilisticoespialidoso.

Creo que sí, que estás completamente

C
loco, pero ¿te cuento un secreto, entre
    G
    nosotros? (Las mejores personas lo
                están).
        F   C
        Si al hablar no has de agradar,
            G   Am
            te será mejor callar.
        F   G
        Hasta el infinito y más allá.

                (sin acordes)
        La vida no es perfecta para
                ser maravillosa.
                (sin acordes)
        Soy una hermosa mariposa.
                (sin acordes)
        Tu identidad es tu posesión más valiosa.
                    G   C F C
        Protégela a toda costa, ahhh.
        F   G   C
        Recuerda siempre quién eres y ya está.

                ESTRIBILLO
        F
        Tira de la palanca.
                C
        Deshonra sobre tu vaca.
    G
    Que hay que explorar lo inexplorado.
                F
        Que nadie se mueva.
                C
        Tengo un dragón y no tengo miedo a
            F.   G
        utilizarlo, de verdad de la buena.

                ESTRIBILLO
        C
        Ahora que ya sabes quiénes son, me
                F
            creerás si te digo que los animales

```
           Am                                        G              Am
saben hablar, que algún día sabré volar,     vuele lejos de aquí,

            G                                   F      G              C
que la magia es de verdad.                   seguirán siempre junto a mí.

       F          C                                G      C
De ellos aprendí que por mucho que           Mmh, mmh.
```

Canciones con cinco acordes

MI BURRITO SABANERO

```
   C                 F         G                       F          C
Con mi burrito sabanero, voy camino            Si me ven, si me ven,

            C                                      G       C
de Belén (bis).                                voy camino de Belén (bis).

        F            C                          E7           Am
Si me ven, si me ven,                          Tuki tuki tuki tuki.

        G        C                              E7           Am
voy camino de Belén (bis).                     Tuki tuki tuki ta.

              F       G                              D
El lucerito mañanero ilumina mi                Apúrate, mi burrito,

        C                                               G
sendero (bis).                                 que ya vamos a llegar.

        F        C                              E7           Am
Si me ven, si me ven,                          Tuki tuki tuki tuki.

        G        C                              E7           Am
voy camino de Belén (bis).                     Tuki tuki tuki ta.

                   F                                 D
Con mi cuatrico voy cantando; mi               Apúrate mi burrito.
                                                      G        C
       G        C                              Vamos a ver a Jesús.
burrito va trotando (bis).
```

8.2 Actividades grupales con el ukelele

El ukelele también es una puerta abierta a la cooperación, el juego y la cohesión del grupo. Por aquí te dejo algunas ideas de actividades musicales grupales para el aula:

 1. Rutinas

Puedes repetir un patrón de acordes que te sea sencillo (dos o tres como mucho) para que el alumnado lo asocie a momentos concretos del día, lo que genera rutinas más agradables y estructuradas. Por ejemplo, una breve **canción de bienvenida** inventada, **de despedida**, **para recoger** el material, **para prepararse para salir al recreo**... Si estas letras son creadas junto con los niños y las niñas, además puede generar sentido de pertenencia al grupo y es un detalle interesante de socialización.

2. Eco musical

Puedes interpretar una breve secuencia rítmica con el ukelele (por ejemplo, algo así ↓ ↓ ↑), y **la clase la repite con palmas o con la voz**. También puedes hacerlo con pequeñas melodías, de modo que tú cantas la frase musical y el alumnado repite a modo de coro lo mismo que has interpretado.

3. Completa la canción

Esta propuesta se basa en que tú cantes una parte de una canción con el ukelele, y **el alumnado debe completar la frase siguiente** justo al callarte tú. Con ello ejercitas la escucha activa y la atención de tus estudiantes. Además, esto puede complicarse y ser más divertido cuando la frase que deban introducir sea inventada.

🧠 4. Cambia la letra

En esta ocasión, lo que te propongo es que selecciones una canción conocida. Toca el acompañamiento y **pide a los niños y niñas que inventen una letra** nueva sobre un tema que estén trabajando en alguna asignatura que impartas: animales, estaciones, valores... También puede ser muy útil para crear esas canciones para las rutinas o para alguna celebración o efeméride en concreto.

👥 5. Tú tocas; la clase canta

En este caso, la dinámica consiste en que tú hagas el acompañamiento con el instrumento y el alumnado cante la canción.

En resumen, el ukelele te permite llenar el aula de música con muy pocos recursos y sin complicaciones técnicas. Ya sea con canciones tradicionales o creaciones propias, cada sesión se convierte en una oportunidad para conectar, aprender y disfrutar. Y lo más bonito es que no necesitas ser experto: solo necesitas ilusión, unos acordes... ¡y tu voz!

Estas dinámicas fortalecen la cohesión del grupo, estimulan la expresión emocional y hacen que el aprendizaje sea más significativo... ¡y divertido!

9. Glosario de acordes

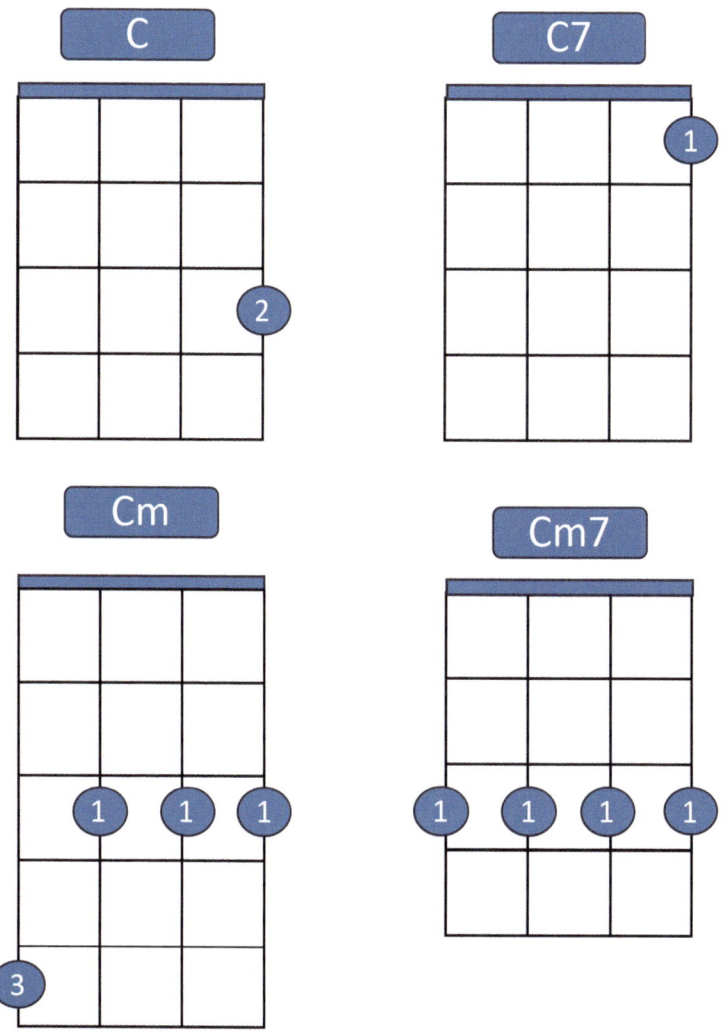

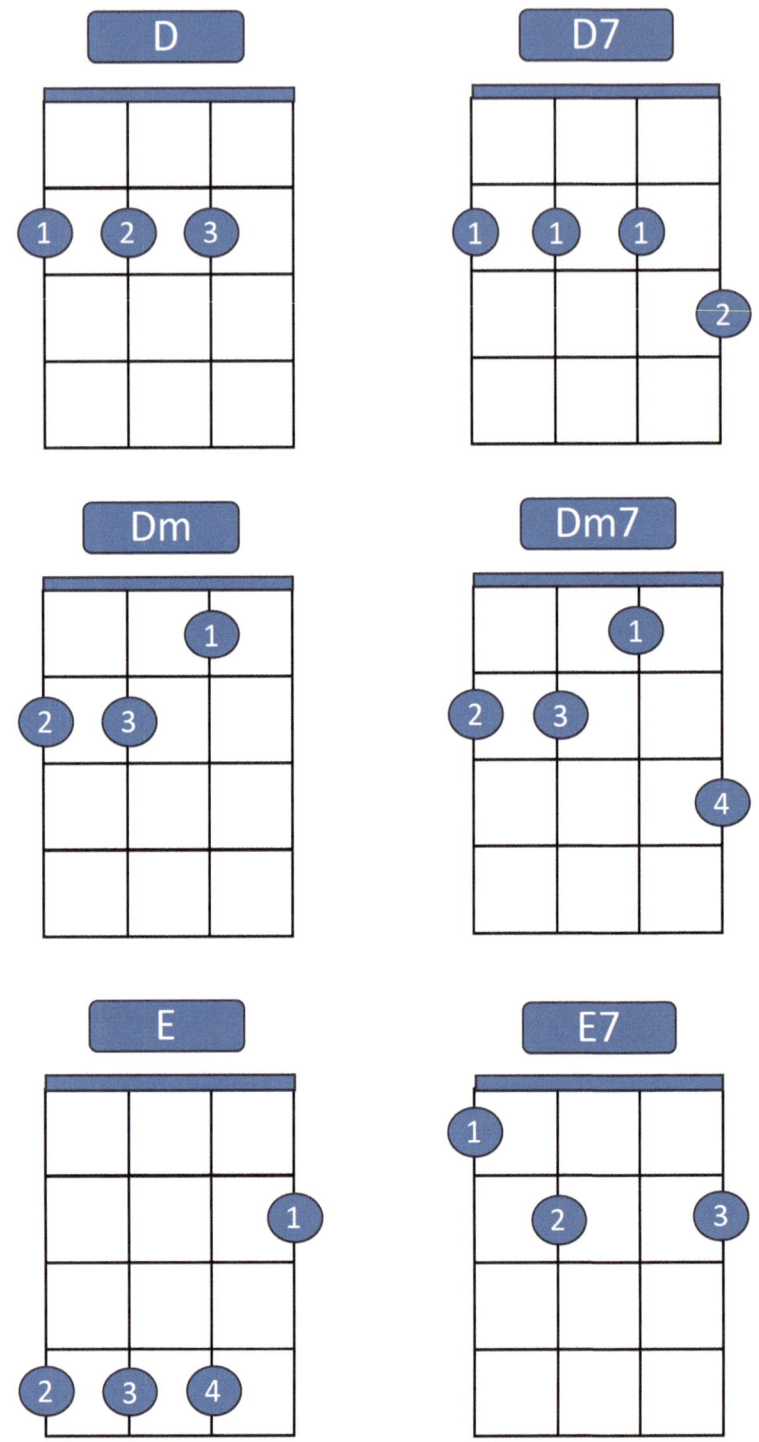

EDUCAR CON CUATRO CUERDAS

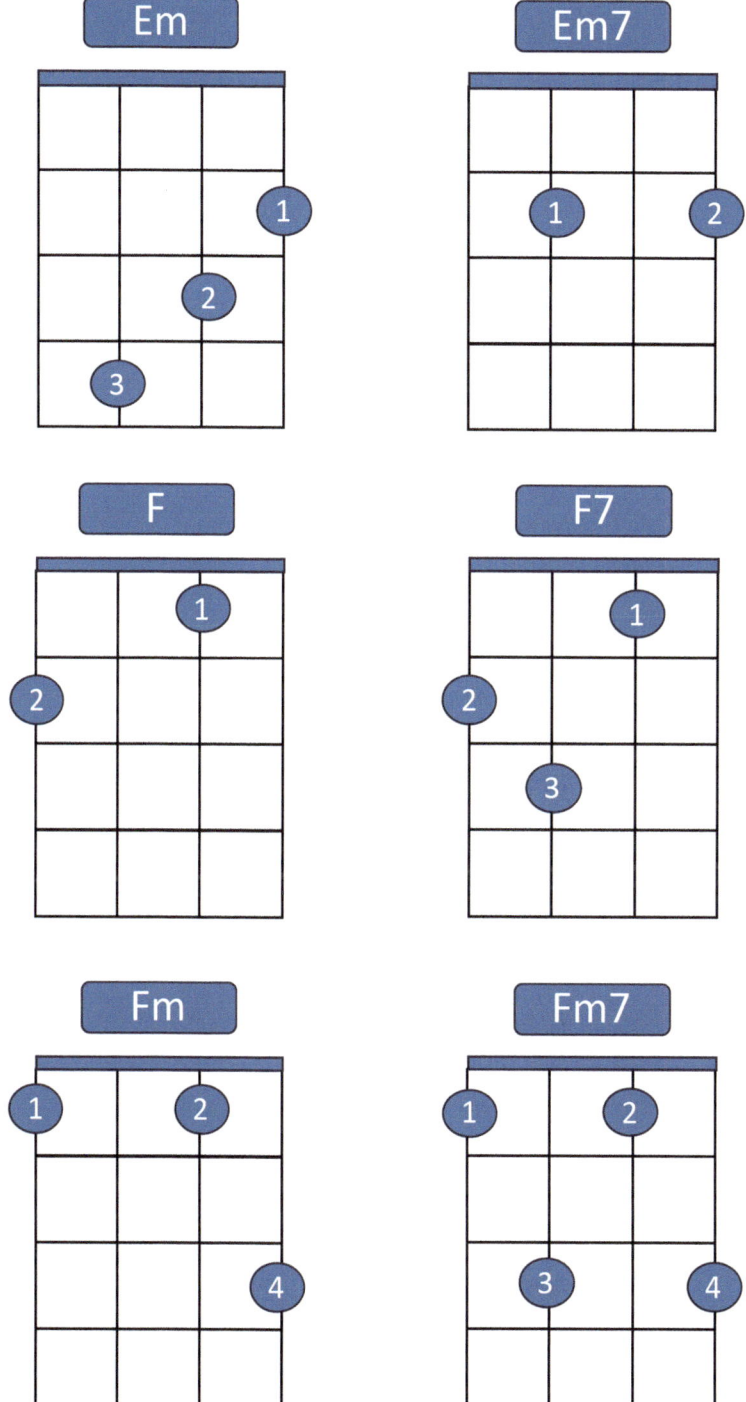

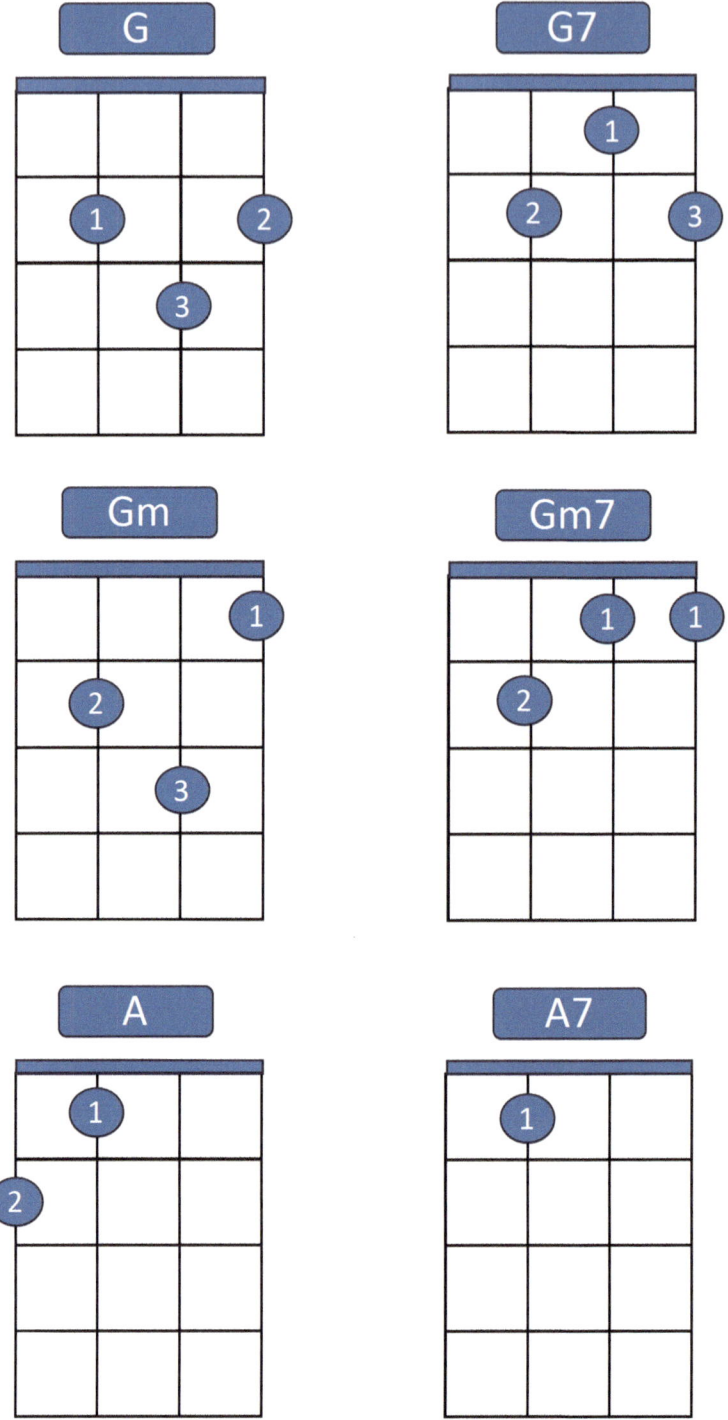

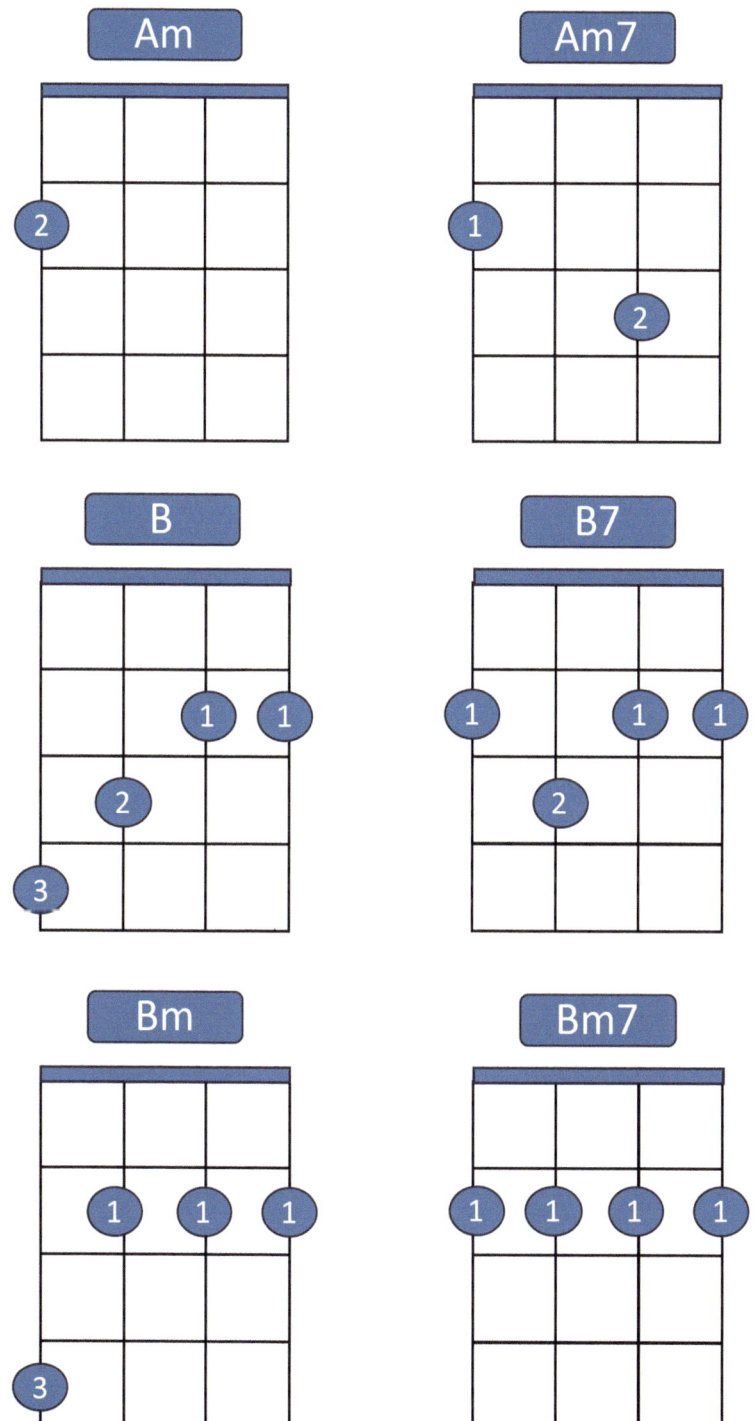

10. Palabras finales

¡Felicidades! Has alcanzado el final del manual y si has seguido los pasos progresivamente, como se recomendaba, ahora tienes claro cómo funciona el cifrado americano, que es universal. Esto significa que conoces las posiciones fundamentales de los acordes, permitiéndote acompañar diferentes canciones.

Tu mano derecha ya está familiarizada con los movimientos esenciales para realizar acompañamientos en el ukelele, incluyendo rasgueos hacia abajo, hacia arriba y apagados. Ahora puedes avanzar. El próximo paso es aprender sobre el arpegio, donde cada dedo de la mano derecha toca cuerdas diferentes creando una combinación que ofrece un tipo de acompañamiento distinto a lo que ya conoces, abriéndote un nuevo mundo de posibilidades musicales. También puedes seguir explorando nuevos acordes basados en los que ya sabes agregando lo que se conoce como notas añadidas. Estas notas, que originalmente no forman parte del acorde, enriquecen tus acompañamientos con sonoridades interesantes y diversos matices.

Pero más allá de todo, lo siguiente es **seguir disfrutando del ukelele** y de esos momentos musicales en tu aula y con amigos, familia, pareja o cualquier otra persona. Estos momentos seguramente harán que tu vida sea un poco más alegre.

Por último, quiero **agradecerte por confiar en este método y permitirme acompañarte** en tu aprendizaje del ukelele. Espero de corazón que hayas encontrado este libro útil y que lo hayas disfrutado tanto como yo al escribirlo, pensando en cada detalle para guiarte hasta este punto.

¡Que la música nunca deje de sonar!